KB177963

불편한
미술관

그림 속에 숨은
인권 이야기

# 불편한
# 미술관

김태권 지음
국가인권위원회 기획

창비

# "내가 잠재적 가해자라고?"

이 책의 주제를 한 줄로 요약하면 다음과 같다. 인권 문제에 있어서 누구나 '잠재적 가해자'라는 것이다. 이 말이 무슨 뜻일까.

인권에 대한 책이라고 하면 어떤 생각이 드시는지? 읽으며 분노하는 책이 우선 생각난다. 선량하게 살던 평범한 사람들의 인권을 아주 나쁜 사람들이 전쟁같이 특수한 상황을 이용해 침해하는 내용 말이다. 독일의 나치 패거리가 저지른 만행이 그 대표적인 사례. 이 책에서 다루는 노예제도(4장)와 제노사이드(7장)도 그런 사례다. 한국 현대사에도 비슷한 일들이 있었다. 그런데 이 문제에 대해서는 좋은 책들이 이미 많다. 이 책에서는 다른 이야기를 더 하려 한다.

인권에 대한 책이라면 이런 책 아닐까 하는 생각도 든다. 일상생활 속에서 우리 같은 평범한 사람이 피해당하고 사는 내용을 담은 책 말이다. 누구나 차별받고 서러운 일을 당해본 경험이 있지 않은가? 예를 들어 이 책의 1장과 12장은 일상 속의 여성차별에 대해 다루고 있다.

그런데 독자님이 남성이라면 이 대목이 불편할 수도 있다. 남성을 잠재적 가해자로 모는 것이 아니냐고 항의하고 싶을 수도 있다. 사실은 그러기를 바라고 썼다. 이 책 대부분의 내용이 그러하다. 누구나 어떤 문제에 관해서는 잠재적 가해자라는 것이 이 책의 주제니까.

오해 마시길. '잠재적' 가해자는 가해자와 다르다. 잠재적 가해자를 나쁜 사람이라 비난할 생각은 없다. 물론 세상에는 작정하고 남의 인권을 침해하는 '악한 사람'도 많다. 그러나 모든 사람이 그러한 것은 아니다. 누가 착하고 누가 악하다고 말하기 어려운 경우가 대부분이다. 이를테면 스위스 사회는 어떤가. 3장에서 스위스의 바젤은 장애인의 인권을 배려하는 모범적 사례로 등장한다. 그렇다면 스위스는 착한 사회인가? 그런데 10장과 11장, 13장에는 스위스 사회가 혐오표현을 내버려두고 있다고 꼬집었다. 그렇다면 스위스는 나쁜 사회인가?

착하다거나 나쁘다거나 흑백논리를 들이대봤자 의미가 없다는 것이 정답이다. 요즘 우리 주위에서 마주치는 인권의 문제는 선과 악의 대립보다 '배려하는 생활' 대 '무신경한 태도'라는 구도로 보아야 할 때가 많다. 어떤 의미에서는 앎과 모름의 문제이기도 하다. 특히 혐오표현의 경우가 그러한데, 어떤 말이 상처를 주는지 미리 알면 가해자가 되지 않지만 잘 모르고 있다가는 가해자가 되기 십상이다. 차별받는 소수자의 목소리에 우리가 더 귀를 기울여야 하는 이유다.

그렇다면 이 책을 쓴 나는 소수자의 목소리를 잘 알고 있는가? 천만의 말씀이다. 나는 여러모로 잠재적 가해자다. 남성이고 중산층이고 비장애인이며 이성애자다. 한국에 사는 한국 사람이니 국적 때문에 차별을 겪을 일도 없다. 이런 내가 조심하는 마음 없이 산다면, 여성이나 장애인이나 성소수자나 이주노동자나 북한이탈주민 앞에서 상처 주는 말과 행동을 하게 될 가능성이 높다. 그래서 나는 내 언행도 주위 사람의 언행도 불편하다. 하나하나 고민하고 검토해봐야 하기 때문이다. (고민을 한다고 바로바로 답이 나오는 것도 아니다. 고민만 있고 정답이 없는 문제들을 이 책의 2부에서 다루었다.)

또한 이 책은 미술에 관한 책이다. 연구자도 아닌 만화가가 웬 미술책을 쓰느냐고 꾸짖으실 분이 있을지도 모르겠다. 나도 한때 비슷하게 생각했다. 그런데 미술사를 전공한 선생님이 나를 격려하신 일이 있다. 그림을 직접 그리는 사람이 그림에 대해 하는 이야기도 다른 사람 듣기에 흥미롭다는 것이다. 이 책도 내 경험이 드러나도록 썼다. 작품을 설명할 때 '나라면 이 주제로 어떻게 그렸을까'를 고민했다.

한편 '미술과 ○○'이라는 책은 그림의 소재에 관해서만 이야기하는 함정에 빠지기 쉽다. 다른 이야기를 풀기 위해 미술작품의 내용만 빌려다 쓰는 것이다. 미술을 사랑하는 사람이 보기에는 아쉬운 노릇이다. 예술은 내용뿐 아니라 형식도 중요하기 때문이다. (형식이 더 중요하다는 사람도 있다.) 작품의 형식에 대해서도 많은 이야기를 쓰려고 노력했는데, 그러다보니 이번에는 책을 빡빡하게 느낄 분이 있을까봐 걱정이다.

　모쪼록 미술관을 거닐 듯 재미있게 읽어주시길. 책장을 덮은 후 독자님 마음에 불편함의 아주 작은 불씨가 남아 있기를 바랄 뿐이다.

# 차례

2부

답하기
어려운
문제들

165

1부

# 우리가
# 기억할
# 사실들

여성을
바라보는
'불편한'
시선

## : '예쁘다'고 소리치지 말라

1990년대 말, 대학에 그냥 학생회 말고 여학생회라는 기구가 막 생길 무렵의 일이다. 집회 현장에 '여학생회 준비위원회'라는 못 보던 깃발이 나타났다. 깃발을 들고 나타난 친구들은 당연히 대부분 여성이었다. (여학생회니까 당연하겠지.) 모여 있던 남학생들은 열광했다. 박수를 보내고 휘파람을 불며 환호했다. "예쁘다, 예쁘다"라고 소리치는 남자도 있었다. 나쁜 뜻은 아니었다. 어떤 진압경찰이 체포한 여학생들을 성추행했다는 소문이 돌던 시국이었기에 움츠러들지 말고 힘을 내자는 뜻이었다.

그런데 이게 웬일. 여학생회 친구들 표정이 사뭇 떨떠름했다. 당시 남학생들은 몰랐다. 남자들이 휘파람 불고 환호를 보내는 일이 차별적이고 짜증나는 상황이라는 사실을 말이다. 어떻게 모를 수 있느냐고? 부끄러운 변명이지만, 배우지 않으면 모른다. 20년도 더 된 이야기다. 그때만 해도 한국사회의 남성들은 성적 괴롭힘이라는 개념을 접한 적이 거의 없었다.

한 학생이 마이크를 잡더니 탐탁잖다는 듯이 입을 열었다. "그렇게 '예쁘다'고 소리치지 마세요. 여자를 '집회의 꽃'이라 부르는 남자들이나, 집회에 참석했다고 성희롱하는 남자들이나, 우리가 보기에는 별 차이가 없습니다." 시끌시끌하던 집회가 얼음물을 끼얹은 것처럼 조용해졌다. 우리는 부끄러워 낯이 화끈거렸다.

그때부터 나는 배우고 있다. 여성을 대상화하고 타자화한다는 것이 무엇인지를. 말이 어렵지만 차근차근 알아보기로 하자.


## : 열두 제자에 들지 못한 막달라 마리아

먼저 서양미술에 나타난 '막달라 마리아'의 모습을 소개한다. 첫 작품은 폴란드 토룬Toruń의 성 요한 대성당에 있는 「막달라 마리아의 승천」. 작품 속 마리아는 온몸이 털로 뒤덮인 듯 보인다. 그럴 리야 없겠지만 「스타워즈」Star Wars의 추바카 같기도 하고. 왜 이렇게 표현했을까?

막달라 마리아는 신약성서에 나오는 인물로 예수의 제자다. '예수의 열두 제자'에는 들지 않는다. 남자만 제자로 인정해준 걸 보면, 옛날 사람들은 마리아를 그냥 '예수를 쫓아다니던 여자' 정

작자 미상,
「막달라 마리아의 승천」,
14세기경,
성 요한 대성당.

도로 얕잡아 본 듯하다. 남자가 아니면 제자 될 자격도 없다는, 명백한 여성차별이다. 하지만 성서를 잘 보면 마리아는 예수와 가장 가까운 제자 가운데 한 사람이었다. 자세한 이야기는 성서의 '4대 복음'을 볼 것. (소설『다빈치 코드』와 동명 영화는 비추!)

신약성서에는 마리아라는 이름이 참 많이 나온다. 이를테면 베타니아의 마리아. 그의 죽은 오라비 라자로를 예수가 살려준 일이 있다. 나중에 막달라 마리아는 예수의 발에 향기 나는 비싼 기름을 붓고 머리카락으로 닦아주기도 한다. 이 마리아와 그 마리아는 다른 사람인데, 중세 사람들은 같은 사람인 줄 알았단다. 발을 닦을 정도였다니, 길고 풍성한 머리카락부터 떠오른다. 그러니 기독교 미술에서 몸을 덮을 만큼 머리카락이 치렁치렁한 여성 인물을 보면 '아, (중세 사람들이 베타니아의 마리아와 헷갈린) 막달라 마리아구나'라고 생각하면 마침맞다.

한편 털옷은 중세 기독교에서 고행의 상징이었다. 나는 털로 된 스웨터를 맨살에 입어본 적이 있어서 그게 왜 고행인지 잘 알고 있다. 똑똑한 사람이라면 입어보지 않고도 알겠지만. 신약성서에 나오는 세례 요한도 털가죽을 입고 광야에서 고행을 했다고. 중세 시대에 털옷을 입고 광야에 사는 사람은 '은자'라고 하여 평범한 사람들의 존경을 받았다. (예전에 만화『김태권의 십자군 이야기』를 그리면서 나는 '은자 피에르'를 맨살에 털옷을 입은 모습으로 그렸다. 그 나름 고증에 충실한 만화라는 사실을 이 기회에 자랑하고 싶다.) 보통 중세와 르네상스 미술에서 털옷 입은 남자는 세례 요한, 자기 머리카락을 털옷처럼 두른 여자는 막달라 마리아. 알아두면 미술관 가서 편하다.

독일 사람 틸만 리멘슈나이더Tilman Riemenschneider도 토룬의 마리아와 같은 도상圖像을 조각했다. 둘 다 고딕 양식이지만, 리멘슈나이더의 작품이 표정은 조금 더 심각하다. 아주 열심히 기도하는 모습이다. 앞의 작품보다 더 거룩해 보인다.

다음은 독일 조각가 그레고르 에르하르트Gregor Erhart의 아름다운 작품이다. 원래는 마리아 주위에 작은 천사들도 있었다고 한다. 성서가 아니라 '전설'에 따르면, 예수가 승천한 후 막달라 마리아는 광야에서 살았는데, 날마다 천사들이 하늘로 데리고 올라가 천국의 음식을 나누어줬다나. 중세다운 대단한 허풍이다. 아무튼 이 작품의 경우 훗날 마리아 부분만 따로 떼어 전시하게 되었다.

루브르 박물관에는 유럽 북쪽의 중세 조각을 모아놓은 방이 있다. 방문객이 많지 않아 천천히 감상하기 좋은 장소. 나는 평소에 "막달라 마리아의 표현에 나타난 남성적 시선에 문제가 있다"고 말하지만, 이 작품 앞에서는 넋을 놓았다.

이 작품은 경계에 놓인 작품이다. 두가지 의미에서 그렇다. 첫째, 어려운 이야기지만 양식적으로 고딕과 르네상스의 경계에 있다. 앞의 두 작품은 고딕 조각인 반면 이 작품은 고딕이기도 하면서 르네상스이기도 하다. 딱딱한 표정과 머리카락은 고딕에 가깝지만, '짝다리' 짚은 자세(어려운 말로 '콘트라포스토'contrapposto 라고 한다)와 나체는 르네상스의 특징이다.

둘째, 주제 면에서 거룩하기도 하고 야하기도 하다. 마리아는

그레고르 에르하르트,
「성 막달라 마리아」,
16세기경
(발 부분은 19세기에 복원),
루브르 박물관.

젊은 시절에 타락했지만 예수를 만난 이후로 왕년에 지은 육체적인 '죄'(?)를 참회하며 살았다고 하는데, 이는 성서에는 없고 '전설'에만 나오는 이야기다. 야하면서 동시에 거룩한 여자는 남자들의 오래된 판타지다. 요즈음에도 이런 데 '하얗하얗' 하는 남성들이 많은 것 같다. 남자들 판타지는 이상하다. 야할수록 더 거룩하고, 거룩할수록 더 야하다. "남성에게 여성은 성녀 아니면 탕녀"라는 말은 유명하다. 여성을 인격체가 아니라 판타지의 대상으로 보는 것이다. 같은 남성끼리는 좀처럼 그렇게 바라보지 않을 것인데 말이다. 왜 남성은 여성을 동등한 인격으로 대하지 않을까? 현실의 여성이 상상 속 여성과 다르다면, 현실과 다른 상상을 고치는 것이 정답일 터. 하지만 현실의 여성을 판타지 속 여성에 맞춰 뜯어고치려는 남성이 뜻밖에도 적지 않다.

## : 작가는 무엇을 보여주고 싶었을까

다음 작품 속 여성은 치렁치렁한 머리카락으로 온몸을 감쌌다. 참회하고 기도하는 듯, 눈은 하늘 높은 곳을 향하고 있다. 1533년 무렵 베네치아 르네상스의 대가 티치아노Tiziano의 작품이다. 배운 것을 써먹어보자. 머리카락을 두른 것을 보면 이 사람은 막달라 마리아. 그런데 (이런 말을 해도 될지 모르겠는데) 꽤 야해 보인다. 노출이 심해서 그런 걸까? 아닌 것 같다. 사람들의 흔한 오해를 하나 짚고 넘어가자. 남자들이 특히 잘못 아는 경우가 많다. 외설이냐,

티치아노,
「회개하는 막달라 마리아」,
1533년경,
팔라초 피티.

외설이 아니냐? 그 기준은 노출이 아니다. 여성을 인격체로 대했느냐 성적으로 대상화했느냐가 중요하다. 이 작품의 경우는 어떨까.

판단하기 어렵다. 앞서 본 작품들과는 다르다. 첫째로 양식의 차이. 토룬의 마리아, 틸만 리멘슈나이더의 마리아는 전형적인 고딕 양식. 에르하르트의 마리아는 고딕에 더하여 초기 르네상스의 특징도 가지고 있지만, 이 그림에 비하면 경직된 듯 보인다. 티치아노는 전성기 르네상스의 대가, 그가 그린 마리아는 피부와 머리카락이 살아 있는 듯하다.

둘째로 주제의 차이. 앞서 우리가 살펴본 막달라 마리아들은 종교적인 작품. 가슴이 살짝 보이건, 온통 알몸을 드러냈건 상관없다. 성당에 간 남자가 앞의 조각을 마주치면 어떨까. '어라, 좀 야한 것 같은데' 하는 생각이 들다가도, '아이고, 내가 이런 생각을 하면 안 되지'라고 반성할 것 같다. 하지만 이 작품은?

티치아노의 마리아에 대한 특이한 해석도 있다. 그가 헐벗은 까닭은 수십 년 동안 광야에서 고행만 하느라 옷이 해졌기 때문이라나. 원래 사치스럽던 막달라 마리아가 ('막달라'는 큰 고을의 이름이라고) 금붙이도 보석도 없이, 심지어 옷도 없이 헐벗었다는 건 종교적인 '청빈'을 강조한다고도 한다. 정말 그럴까? 글쎄, 옷이 다 해질 정도인데 피부와 머릿결은 왜 저렇게 뽀송뽀송한지. 어쨌거나 나중 사람들 보기에는 주제가 헷갈릴 지경이다. 티치아노 스스로도 고민이었나 보다. 30년이 지난 1565년에 비슷한 작품을 또 그렸는데, 그때는 머리카락 밑에 제법 옷을 갖춰 입었다.


## : 칼침 맞은 베누스

허리가 잘록한 여성. 알몸으로 드러누웠다. 앞모습은 우리 쪽으로 드러나지 않았지만, 거울을 보며 넋이 빠진 것 같다. 자기 눈에도 스스로가 아름답나 보다. 서양미술에서 벌거벗은 채 거울을 보는 여성 인물이 나오면, 사랑의 여신 베누스Venus일 확률이 높다. 그리스 신화의 아프로디테가 그다. 여기처럼 날개 달린 꼬마

디에고 벨라스케스,
「거울 속의 베누스」,
1647~51년,
런던 내셔널갤러리.

와 함께 나오면 거의 100퍼센트다. 꼬마의 정체는 천사가 아니라 쿠피도. 우리가 '큐피드의 화살'이라 할 때 큐피드가 바로 이 친구다. 작가는 에스파냐 바로크의 대가, 디에고 벨라스케스<sup>Diego Velázquez</sup> 다.

서양문화에서 베누스는 여성을 대표한다. 여성을 나타내는 '♀'라는 기호는 원래 베누스의 상징이다. 손거울 모양이라나. 점성술 등에서 하늘에 반짝반짝하는 별 금성을 나타낼 때도 ♀라는 기호를 쓴다. 서양에서 금성을 베누스라고 하니까. '화성에서 온 남자 금성에서 온 여자'라고 하는 말은 외계인의 지구 침략을 뜻하는 것이 아니라 마르스<sup>Mars</sup> 같은 남성과 베누스 같은 여성, 즉 '남자다운 남자 여자다운 여자'라는 의미다. 남자 기호 ♂는 둥근 방패와 뾰족한 창, 즉 전쟁의 신 마르스의 상징. 여성의 상징은 왜 하필 거울인가. 여성은 제 모습에 반하는 허영심 가득한 존재라는 말인가. 이 역시 고민해볼 문제다.

베누스를 바라보는 시선 역시 남성적이다. 어려운 말로 '타자화됐다'고 한다. 신화 속 베누스는 사랑의 여신이며, 육체적 사랑도 베누스의 몫이다. 영어로 성병은 '버니리얼 디지즈'<sup>venereal disease</sup>. 철자를 잘 보자. '버니리얼'이라는 단어의 어원은 베누스. 베누스는 거룩한 여신인 동시에 음란한 존재. 어디서 본 것 같은데! 그렇다. 전형적인 남성 판타지다.

사실 이 그림은 메리 리처드슨<sup>Mary Richardson</sup>이라는 인물 때문에 더 유명해지기도 했다. 그가 1914년 미술관에 쳐들어와 고기 써는 칼로 이 그림을 퍽퍽 찍어버린 것이다. 다행히 감쪽같이 복원했지만, 끔찍한 범죄였다. 리처드슨이 제정신이 아니긴 했다. (나중에는 더욱 정신줄을 놓고 파시즘 운동을 벌이기도 했단다. 그것도 영국 본토에서!) 그래도 리처드슨이 이런 짓을 저지른 명분을 들어보자. "그림 속 여자의 뒤태에 넋이 나가 걸근대는 남자들의 시선이 싫었다." 훗날 그가 밝힌 범행 동기였다. 여성을 대상화하는 남성의 시선은, 칼침을 맞아도 싸다는 걸까. 물론 그렇지는 않을 것이다. 하지만 그만큼 미움을 받고 있다는 것은 알겠다. 남자로서 나 역시 뜨끔한 마음이다.


## : 판타지의 대상, 신비한 타자

벌거벗은 소녀 곁에 앉아 있는 할머니. 할머니가 아니라 저승사자일지도 모른다. 소녀는 무얼 보는 걸까. 관객을? 아니면 우리 세계 너머의 신비한 저승세계라도 보고 있을까?

다음 그림은 「죽은 이의 유령이 본다」. 폴 고갱Paul Gauguin의 작품이다. 여성이 유령을 보는지 유령이 여성을 보는지는 불분명하다. 고갱의 작품을 보통 후기인상주의라고 부른다. 이름 때문에 헷갈리기 쉬운데, 인상주의와는 다른 사조다. 간단히 설명하면 이렇다. 인상주의가 과학적인 그림을 추구한 반면 후기인상주의는 과학적인 합리성에 반대하고, 이성의 언어로 풀어낼 수 없는 신비한 것을 표현하려 했다. 그림이 안 팔려 생활이 어려웠던 고갱은

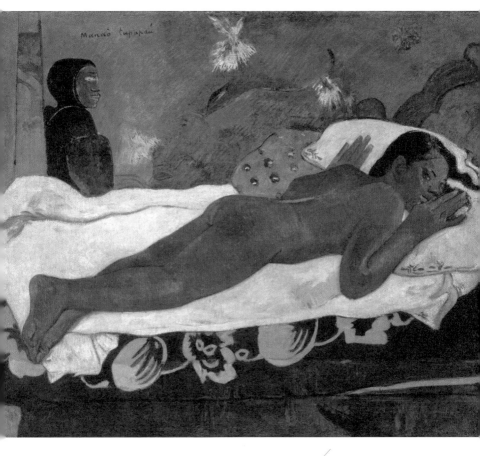

폴 고갱,
「죽은 이의 유령이 본다」,
1892년,
올브라이트 녹스 미술관.

물가가 싼 식민지 타히티Tahiti로 이주한 후, 자기야말로 '그 신비를 찾아 머나먼 섬나라까지 간 참된 예술가'라고 선전했다.

문제는 여성을 바라보는 시선이다. 이 작품 속 소녀는 신비한 세계를 보는 여신 또는 무녀 같다. 그런데 그 초자연적인 힘을 지닌 듯한 소녀를, 벌거벗은 채 엎드린 모습으로 그렸다. 여신처럼 넘보지 못할 존재이자 또한 성적으로 만만한 존재. 또 나왔다, 남성의 판타지.

이런 점도 생각해보자. 소녀는 어느 모로 봐도 고갱보다 사회적 약자다. 그때 타히티는 프랑스의 식민지였기 때문이다. 유색인종에 여성이고 심지어 나이도 까마득히 어리다.

이런 상상을 해본다. 일제강점기 때 일본의 아저씨 화가가 식민지 조선의 시골을 찾아가 벌거벗고 웅크린 조선 소녀를 그려놓고 '원시적 신비'라고 주장한다면 우리 기분이 어떨까. 그 그림을 보면서 마음이 편할까? 타자화할 대상을 찾아 여기까지 찾아왔느냐고 화가 날 것 같다.

고갱의 시선은 여러가지로 불편하다. 심지어 같은 시대에 활동한 프랑스 남성 화가도 불편해했다. "고갱이 타히티 사람들을 데리고 무슨 짓을 하는 건지 모르겠다." 고갱의 친구 피사로Camille Pissarro가 이렇게 투덜댔다나. 고갱은 위대한 예술가지만, 여성, 특히 식민지 여성을 타자화하고 대상화하는 그의 시선은 두고두고 욕을 먹는 중이다.

베르트 모리조, 「딸과 유모」, 1884년경, 미네아폴리스 미술관.

## : 시선에 대하여

여성을 대상화하는 남성의 시선에 대해 알아봤다. 여성을 보는 여성의 시선에 대해서도 살펴보자.

이 작품은 프랑스 인상주의의 대표 작가 베르트 모리조<sup>Berthe</sup> Morisot가 그린 「딸과 유모」다. 이 그림에 드러난 인상주의의 특징은? 첫째, 광선이다. 화가는 빛에 관심이 많다. 두 사람이 창을 등졌다. 하지만 창으로 들어온 빛이 실내에 반사되어 다시 사람들 얼굴을 밝게 물들인다. 일상에서 자주 보던 풍경이다. 아늑하다. 둘째, 붓 자국이다. 붓이 빠르게 지나간 흔적이 그대로 남아, 화가의 능숙한 붓놀림을 상상할 수 있다. 셋째, 생활의 한순간을 포착하고 있다. 거창한 사건 사고가 아니다. 휴대전화 카메라로 찍은 스냅사진 같달까. 가사와 육아도 하며 화가로도 활동하던 모리조는 당시 프랑스 중산층 가정의 일상을, 딸 쥘리 마네의 성장과정을 생생하게 그렸다.

인상주의에 대해 더 알아보자. 빛, 붓질, 순간 포착. 또하나의 특징은 화가들끼리 그룹을 형성했다는 점이다. 나라에서 열어주는 전시회 대신 마음 맞는 젊은 화가들끼리 모여 '인상주의자'라는 이름을 걸고 전시회를 열었다. 처음에 실패하고 잊힐 수도 있었으나, 한 세대 위의 유명한 화가 에두아르 마네Édouard Manet가 함께해준 덕분에 전시회는 성공했다. 마네는 젊은 친구들과 화풍이 달랐는데도 말이다. (마네가 인상주의로 묶이지는 않지만 미술사 책에 인상주의 작가들과 늘 함께 나오는 이유다.) 그러고 보면 젊은 화가들 각각도 그림이 달랐다. 이렇게 개성이 제각각인 화가들이 한자리에 모인 데에는 베르트 모리조의 공이 크다. 모리조는 마네 동생의 부인이면서 젊은 화가들과도 친했고, 스스로도 훌륭한 화가였다.

그러나 베르트 모리조의 이름은 남성 인상주의 화가들처럼 유명하지는 않다. 마네 그림의 모델로, 또는 마네와 '썸을 탔을지도 모르는 여성' 정도로 알려졌다. 세상이 남자만 기억해서 그럴 것이다. 여성을 바라보는 시선에 대해 이야기할 때, 잊지 말아야 할 또하나의 포인트가 이 점이다. 세상은 왜 남자가 중심인 것처럼 돌아갈까. 세계 위인전을 꺼내놓고 남자 대 여자의 비율을 한번 따져보라. 한숨이 절로 나온다.


## : '여성'이라는 구분

여성이 여성을 보는 시선, 이번에는 자화상이다. 자화상을 많이 그린 여성 화가라면 두 사람이 생각난다. 케테 콜비츠Käthe Kollwitz 와 프리다 칼로Frida Kahlo. 칼로는 기구한 삶을 살았다. 자신이 겪은 고통을 그림에 담아냈다. 그림 속 자기 몸통을 열어 교통사고로 부러진 척추를 보여주기도 하고, 화살에 맞아 죽어가는 사슴의 몸통에 자기 얼굴을 그리기도 했다. 칼로는 자유분방하고 다양한 표현 방식으로 현대미술에 영향을 끼쳤다. 케테 콜비츠는 다르다. 자기 모습을 보이는 대로 그렸다. 그렇다고 콜비츠가 겪은 고통이 작품에 드러나지 않는 것은 아니다.

콜비츠의 미술사적 위치는? 딱 잘라 말하기 어렵다. 표현주의라고도 하고, 사회주의 리얼리즘이라 보기도 한다. (콜비츠에게서 영향받은 좌파 화가가 많기는 많다.) 정작 콜비츠는 이념에 매인 사람은 아니었다. 남편 카를 콜비츠는 가난한 사람을 진료하던 의사. 케테 콜비츠는 병원을 찾은 노동자 가족을 그리며 자연스럽게 자기 작품세계를 열었다. 삶에서 우러난 작품을 남긴 것이다.

평생에 걸쳐 수많은 자화상을 그린 콜비츠, 남성 가운데 비슷한 화가라면 렘브란트가 있다. 두 사람의 자화상은 자주 비교된다. 나는 여기서 두 사람의 자화상을 보는 '시선'을 비교하고 싶다. 콜비츠의 자화상들은 종종 '여류 화가의 자화상'이라고 이야기된다. 그런데 렘브란트의 자화상들을 볼 때 우리는 한 '인간'에 대해 생각하지, 한 '남자'에 대해 생각하지는 않는다. 콜비츠의 자화상을 볼 때 역시 성별이 아닌 인간에 대해 생각해야 하지 않을까. ('여류 화가'라는 말도 쓰지 말자고들 한다.)

남자가 남자를 만날 때, 남자는 그 남자를 '인간'이라고 한다. 하지만 남자가 여자를 만날 때, 많은 이들이 그 여자를 '여자'라고 한다. 한술 더 떠, 멋대로 숭배의 대상으로 삼거나 성적으로 얕잡아 보는 시선을 보내기도 한다. 그냥 같은 '인간'으로 보면 안 될까? 어떤 여성 디자이너가 이런 이야기를 했다. "남자는 여자를 일 때문에 만나면서도 잠재적인 연애 상대로 대하는 경우가 많다. 같이 일하기 불편하다." 여성은 남성의 걸근대는 시선을 받아주기 위해 태어난 존재가 아니다. 이 문제를 고민해보지 않은 남성이라면 당장 받아들이기 쉽지 않겠지만, 차차 고쳐나가야 하지 않을까.

## 02

## 결핍으로 부터의 자유

: '유민도', 옛 중국의 다큐멘터리

　동양미술에서 인물화란? 서양미술 전통처럼 인물화가 많지는 않다. 아주 옛날에는 많이 그렸다. 북송 시대만 해도 도시와 도시에 사는 사람들을 통째로 그려놓은 「청명상하도淸明上河圖」 같은 걸작이 있었다. 하지만 남송 이후로는 사람을 그린 그림이 확 줄었다. 그래도 가끔 다음 같은 특이한 작품이 있다. 강렬한 붓으로 가난한 사람을 그렸다. 그냥 가난한 정도가 아니다. 못 먹고 못 입어 정신까지 온전치 않은 모습이다.

　무슨 사연이 있는 그림일까. 명나라 화가 주신周臣의 「유민도流民圖」다. 유민이란 유랑민, 가난 때문에 고향을 등지고 떠도는 사람이다. 주신은 이런 이들을 연작으로 그렸다. 어떤 작품은 미국

주신,
「유민도」(부분),
1516년,
클리블랜드 미술관.

클리블랜드 미술관에, 어떤 작품은 호놀룰루 미술관에 있다. 주신만 이런 그림을 그린 것은 아니다. 동양미술에는 옛날부터 '유민도'를 그리는 전통이 있었다.

중국 북송 시대에 정협이라는 사람이 있었다. '백성들이 굶주린다'고 임금한테 알리고 싶은데, 말로 하면 흘려들을까 걱정이었다. 그는 가난에 찌들어 떠돌이가 된 유민의 모습을 그림으로 그려 황제에게 올렸다. '그림 보고서'는 효과 만점이었다. 황제가 충격을 받고 정책을 바꾸었다고 하니까.

우리에게도 같은 전통이 있다. 조선 선조 시절, 전쟁 때문에 굶주리는 사람의 모습을 유민도로 그려 바쳤다고 한다. 정조 때에는 암행어사로 나간 정약용이 시로 그림을 대신했다. "옛날 정협의 「유민도」를 본받아 / 새로 시 한편을 지어 임금께 바친다." 정약용의 시 「적성촌에서」의 마지막 구절이다.

요컨대 사회의 빈곤 문제에 대해 글과 그림으로 다큐멘터리를 만든 셈. 임금이 보고 정신 차리라고 말이다. 이것이 바로 유민도의 전통이다.


## : 누구 보라고 그린 유민도인가

다음 작품은 20세기의 화가 장자오허張兆和가 그린 「유민도」. 가난으로 고통받는 인간 군상을 담았다. 유민도라는 오래된 장르를 20세기에 그렸으니, 동양미술사 전통을 계승한 작품이다. 하지만

장자오허, 「유민도」(부분), 1943년, 베이징 중국 미술관.

임금 보라고 그린 그림은 아니다. 20세기에는 임금이 없으니까. 새로운 메시지를 전하기 위해 일부러 전통을 빌린 셈이다. 중국미술에서 전통의 계승과 극복을 보여주는 작품이라 하겠다.

옛날 유민도의 메시지는 명백하다. 백성이 가난으로 고통받는 이유는? 임금 때문이다. 그러니 임금이 정치 똑바로 하라는 뜻이 담겨 있다. 반면 장자오허의 그림은 어떤가. 임금이 없는 시대에 이 사람들은 어째서 고통받는가. 중국정부의 잘못도 있으리라. 지방 토호의 횡포나 잘못된 인습 따위도 이들이 가난한 이유다. 그러나 이들이 고향을 떠나 떠돌아다니게 된 것은 전쟁을 일으킨 일본의 책임이 가장 크다. 장자오허가 이 그림을 그린 때는 1943년, 중일전쟁 막바지였다. 20세기에 인류는 여러 문제를 겪었다. 사람들이 고향을 등지는 까닭도 다양하다. 20세기의 유민도는 사회의 다양한 문제를 담아야 한다.

누구에게 보이려는 유민도인가. 이 점도 문제다. 옛날에 백성들이 겪는 가난과 고통은 임금의 책임이었다. 좋은 임금이 되려면 (사실은 나쁜 임금으로 찍혀 목이 잘리지 않으려면) 가난한 백성을 보살펴야 했다. 그런데 시간이 지나며 임금 없는 세상이 됐다. 이제 가난한 사람을 보살필 책임은 누구에게 있는 것일까? 누구에게 보이기 위해 '유민도'를 그려야 하나?

새로운 시대에는 새로운 접근이 필요하다. 여기서 '사회권'이라는 개념이 등장한다. 가난에 시달리지 않을 권리를 기본적인 인권으로 보자는 의견이다. 옛날 왕조 시대에는 나라님이나 동네 부자가 가난한 사람에게 '베풀어야' 한다고 했지만, 이제는 가난하지 않을 권리를 말하는 시대다. 돈 많은 사람의 호의에 굽실거릴 필요가 없다. 가난한 사람이 복지를 누리는 것은 자기 권리를 주장하는 일이다. 뒤에 다루겠지만, 인권 문제에 관심이 많던 미국 대통령 프랭클린 루스벨트Franklin Roosevelt는 인간이 누려야 할 네 가지 자유에 대해 연설한 일이 있다. 이 가운데 '결핍으로부터의 자유'가 들어간다. 가난하지 않을 자유는 인간의 기본적인 권리라는 이야기다.

## : 20세기 미국에 다시 등장한 유민도

1929년에 일어난 세계 대공황. 1930년대 미국에서는 많은 농민이 가난 때문에 고향을 등지고 떠돌아다녔다. 현대판 '유민'이다. 미국정부의 농업안정국FSA은 당대의 내로라하던 사진가를 모아 가난에 시달리는 농촌의 모습을 사진에 담았다. 나라님을 위해서가 아니다. 현대의 유민도는 동료 시민들에게 보여주고자 만든다. 시민이 내는 세금으로 가난한 사람의 인권을 보장하기 때문이다.

농업안정국 사진가의 작업 가운데 가장 유명한 작품이 도로시아 랭Dorothea Lange의 「이주자 어머니」다. 일거리를 찾아 떠돌아다니는 어머니와 두 아이다. 아이는 엄마를 붙든 채 카메라를 등지고 서 있다. 엄마의 얼굴만 보인다. 그래서 어머니의 표정에 시선이 집중된다. 가난 때문에 겪는 고통, 하지만 어떻게든 가난을 이겨내겠다는 결의. 보는 사람 마음을 울리는 사진이다.

하지만 지나치게 감정에 호소하는 사진인 것도 같다. 서양에 "눈물은 빨리 마른다"는 격언이 있다. 감정에 호소하면 효과는 빠르다. '나도 먹고살기 힘든데 왜 내 세금을 가난한 사람에게 쓴단 말인가' 불평하는 사람이라도, 이 사진을 보면 마음이 바뀔 것이다. 하지만 이듬해에도 그럴까? 아이의 꾀죄죄한 모습에, 엄마의 심란한 표정에, 마음이 흔들려 눈물을 흘릴지도 모르지만 시간이 지나면 이 또한 익숙해질 것이다.

뒷이야기가 있다. 도로시아 랭은 이 모자의 사진을 여러 장 찍었

도로시아 랭, 「이주자 어머니」,
1936년, 미국 국회도서관.

단다. 엄마 표정이 어둡지 않은 사진도 있고, 아이들 얼굴이 잘 보이는 사진도 있었다. 그런데 사람들이 이 사진만큼 감동받지 않더라. 유독 「이주자 어머니」만 주목받았고, 미국의 대공황을 상징하는 사진이 되었다. "왜 그리 감상적인 사진을 찍었느냐"고 쏘아붙이면 랭도 억울해할지 모른다. 사람들이 그 사진만 좋아하는데 랭인들 어찌하랴.

## : 가난을 어떻게 사진에 담을까

워커 에번스Walker Evans는 도로시아 랭과 같은 시대 같은 주제를 두고 다른 사진을 찍었다. 워커 에번스의 작품을 나는 더 좋아한다. 랭의 사진은 처음 보는 순간 심금을 울리지만, 에번스의 사진은 보고 또 봐도 물리지 않는다. 워커 에번스는 유럽 유학파였다. 그래서인지 화면이 큰 회화 작품에 익숙했던 것 같다. 그의 사진에는 수많은 정보가 들어 있다. 그러면서도 정리가 잘되어 있고, 조형적인 완성도도 뛰어나다. 바로크미술에 흔한 집단 초상화를 보는 느낌이다.

랭과 에번스의 사진을 비교해보자. 랭은 비교적 작은 카메라를 썼다. 배경을 과감히 포기하고 사진 찍히는 사람에게 다가가 그 표정을 담았다. 감정을 드러내기 위해서였다. 반면 에번스는 큰 카메라를 썼다. 그래서 인물, 배경이 되는 건물, 집기 하나하나까지 또렷하게 찍었다. 사진 구석구석을 들여다보며 우리는 이런저

워커 에번스,
「버드 필즈와 그의 가족」,
1936년,
미국 국회도서관.

런 생각을 한다. 랭이 가슴을 뜨겁게 한다면, 에번스는 머리를 차갑게 한다.

나는 에번스 사진이 인물을 다루는 방식이 좋다. 에번스가 찍은 사람은 우리와 다른 사람으로 보이지 않는다. 랭의 사진은 감동적이지만, 사진 속 인물은 왠지 일상생활과 동떨어진 것 같다. 어머니는 슬프지만 의지가 굳다. 희로애락에 휘둘리는 우리 같은 평범한 사람과는 달라 보인다. 「이주자 어머니」를 보면 마음이 뭉클해지지만, 부담스럽기도 하다. 일상으로 돌아오면 그 사진을 잊게 된다. 반면 에번스의 사진은 정서적인 부담이 없다. 그러면서도 사진 속 인물이 궁금해진다. 그가 사는 곳, 그가 함께 사는 사람, 그가 가진 물건 따위를 하나하나 확인할 수 있기 때문이다. 그래서 사진을 보고 돌아선 다음에도 에번스의 인물은 잊히지 않는다.

랭이냐 에번스냐. 가난한 사람의 현실을 보여주기에 어느 쪽 방식이 더 적절할까. 에번스와 랭을 지지하는 사람들이 갈릴 것이다. 다만 랭의 사진이 더 대중적이기는 하다. 당시 사진가들에게 작업을 의뢰했던 농업안정국도 랭을 더 좋아했다. 그래서였을까. 에번스는 중간에 농업안정국 일을 그만두고 도시로 돌아가 일상에서 마주치는 평범한 시민들의 사진을 찍었다. 사진집의 제목은 얄궂게도 『이제 유명한 사람들을 찬양하자』Let Us Now Praise Famous Men였다.

## : 가난의 이유는 게으름이 아니다

중학생 시절, 나는 거지 아저씨와 친구였다. 다리가 불편한 그는 성당을 오가는 사람들에게서 동전을 받곤 했는데, 사람이 없을 때면 성당 안에 들어와 있었다. 성당 자판기에서 100원짜리 커피를 함께 마시다가 친해졌다. 주말에는 성당에 오지만 주중에는 절에 가서 동전을 모은다고 했다.

명석한 사람이었다. 한번은 태국의 사례를 들어 사회 갈등을 봉합한다는 면에서 왕정도 좋은 점이 있다고 이야기했다. 그때나 지금이나 나는 동의하지 않는 견해지만, 외신 보는 사람도 별로 없던 1980년대에 외국 정세를 초들어 분석하는 모습이 인상적이었다.

복지가 사람을 게으르게 한다는 말, 종종 듣는다. 그렇게 간단히 말할 수는 없을 것이다. 거지 아저씨와 친해지며 세상일이 그렇게 간단치 않다는 사실을 배웠다. 일을 하려 해도 운이 안 따른달지 갑자기 지병이 도진달지, 사람이 가난해지는 데는 실로 수많은 까닭이 있는 것이다.

열심히 일해도 가난한 사람은 도와야 하지만, 일에서 손놓고 지내는 가난한 사람은 돕지 말라? 야박한 주장이다. 인권의 개념에 따르면, 인간은 인간이라는 이유만으로 기본적인 생활을 유지할 수 있는 경제적 지원을 받아 마땅하다. 정당한 권리의 행사니까.

에스파냐의 화가 바르톨로메 에스테반 무리요 Bartolomé Esteban Murillo 가 「거지 소년」이라는 작품을 그렸다. 무리요는 어린이 그림과 종교 그림, 이 두가지가 특히 뛰어났다. 미술사를 깊이 공부한 사람은 무리요의 어린이 그림은 종교화만 못하다고 박하게 평가한다. 하지만 인기는 어린이 그림 쪽이 높다. 나는 특히 「거지 소년」을 좋아한다. 그는 누추한 소년을 비참하게만 그리지 않았다.

무리요의 그림을 보면 옛날에 거지 아저씨와 농담하던 기억이 난다. 거지 아저씨는 결국 몇년 후에 지병으로 세상을 떠났다. 인권이 보장되는 사회였다면 그는 구걸 말고 다른 일을 했을 것이다. 시사평론이라도 하지 않았을까. 아직도 가끔 그를 떠올린다.


## : 가난한 시인에게 돈을

품이 맞지 않는 헐렁한 옷. 그나마도 소매가 해졌다. 좋은 옷 해 입을 여유가 없는 것이다. 가난한 사나이. 영양도 부족해 보인다. 낯빛이 영 좋지 않다. 우리를 바라보는 저 눈빛이 오직 눈에 띈다. 자존심 가득한 눈빛이다. 몰락한 지식인 신세지만, 대단한 긍지를 품은 것 같다. 그 당당함이 보는 사람 마음을 흔든다.

20세기 독일 화가 오토 딕스Otto Dix가 그린 「이바르 폰 뤼켄Iwar von Lücken의 초상」이다. 폰 뤼켄은 가난한 시인, 아니 엄청 가난한 시인이었다. 전 재산이라곤 담뱃갑에 넣은 동전 몇닢이 다였다. 그는 평생에 걸쳐 시집을 1권 냈다. 그것도 아주 얇은 시집이다. 길어봤자 20줄을 넘지 않는 29편의 시, 이것이 그가 남긴 전부였다. 우리가 폰 뤼켄을 기억하는 까닭은 사실 단 하나, 그가 이 그림

오토 딕스, 「이바르 폰 뤼켄의 초상」, 1926년, 베를린 주립미술관.

의 모델이기 때문이다.

누구나 땀 흘려 일해야 한다는 요즘의 야박한 기준으로 보면 참으로 대책 없는 사람이 아닐 수 없다. 몇년에 1편씩 짤막한 시를 내놓는 것 말고는 성과물이 없었다. 열심히 글을 쓰다가도 성에 안 찬다며 홀랑 태워버렸다니, 시장경제에 어울리는 사람은 아니다.

미술사에서 오토 딕스의 위치는 신즉물주의, 아름답지 않은 세상의 모습을 아름답지 않게 그리는 화가라고 생각하면 얼추 들어 맞을 듯하다. 때때로 실제보다 더 추하게 그렸다. 폰 뤼켄의 차림새와 방도 그렇다. 시인의 고상한 정신이 더욱 도드라지도록, 딕스는 허름한 환경을 더 허름하게 묘사했다.

베를린 주립미술관에서 처음 이 작품을 보고 나는 감동했다. 미술관에서 나오자 '딕스 카페'가 보였다. 검은색과 짙은 보라색으로 정갈하게 꾸며놓은 테이블마다 그림과 똑같이 장미꽃을 두었다. 미술관의 설명에 따르면 허름한 맥주병에 꽂힌 장미는 가난에도 굴하지 않는 고매한 정신을 상징한다고.

## : 시장경제보다 많은 자유

다음 작품을 그린 사람은 카를 슈피츠베크<sup>Carl Spitzweg</sup>. 특이한 화가다. 당시 유행하는 사조에 신경쓰지 않고, 시트콤의 한 장면 같은 흥미진진한 이야기를 그렸다. 방 안에 가득한 책더미. 침대에 누워서도 원고를 쓴다. 그러나 팔리지 않는 원고다. 그림 제목

카를 슈피츠베크,
「가난한 시인」,
1839년,
노이에 피나코테크.

부터가 「가난한 시인」. 보아하니 지붕 바로 밑 다락방이다. 추운 날 춥고 더운 날 더운 방이라 방값이 싸다. 그나마도 비가 새는지 방 안에 우산을 폈다.

팔리지 않는 글을 쓰는 작가에게 돈을 주어야 하나? 시장경제의 관점으로 보면 택도 없는 이야기다. 하지만 사회권의 관점으로 보면 다르다.

인권의 역사에서 사회권은 비교적 최근에 인정된 개념이다. 오래전부터 인정받아온 인권 개념들과 결이 다르다는 지적도 있다. 예컨대 표현의 자유라는 인권을 간략히 정의하면 개인이 말하고 싶은 대로 하도록 놔두자는 것이다. 표현의 자유가 지켜지려면 정부의 개입이 적을수록 바람직하다. 반면 사회권을 실현하려면 정부가 할 일이 많다. 개인의 재산을 세금으로 거두어 나눠주는 일에 정부가 나서야 한다. 사회권은 자유권과 충돌하는가? "시장경제 원리와 어울리지 않으므로 기본권으로 치지 말자"는 과격한 주장도 있다. 그래도 루스벨트의 연설이나 세계인권선언을 보면, 자유권이나 사회권이나 둘 다 모두 인간의 기본적인 권리다.

표현의 자유와 양심의 자유를 억압하는 것은 정부만이 아니다. 시장경제 원리도 때때로 개인의 자유를 억누른다. 자기 마음껏 시를 쓰고 싶지만, 폴 뤼켄이나 그림 속 가난한 시인처럼 될까 두려워 표현의 자유를 누리지 못하는 사람도 많다. 옛 친구 거지 아저씨는 여러 이유로 직업 선택의 자유를 누리지 못했다. 사회권이 보장된다면 우리는 더 많은 자유를 누릴 수 있지 않을까?

## 03

장애인
인권과
비장애인의
편견

## : 장애인이 자유롭게 이동하려면

스위스의 바젤<sup>Basel</sup>이라는 도시에 가보았다. 복지의 '끝판왕' 같은 곳. 처음에는 놀랐다. 거리며 공원이며 박물관이며 어디서나 장애인과 마주쳤다. 몇달 지내며 깨달았다. 바젤은 장애인이 특별히 많은 곳이 아니라, 그저 인프라가 좋은 곳이라는 사실을. 그래서 장애인이 마음껏 외출할 수 있었구나. 우리 사회는 장애인이 집 밖에 나오기 쉽지 않다는 뜻이기도 했다. 기분이 참담했다.

장애인의 이동권이라는 개념이 있다. 장애인이 원하는 대로 돌아다니지 못하는 사회라면, 장애인의 기본적 인권이 침해당했다고 볼 수 있다. 우리 사회는 어떤가. 점자표지판은 드물고, 계단은 너무 많으며 휠체어용 승강기는 고장이 잦다. 저상버스도 아직 부

조스 리에페링스,
「세바스티아노 성인의 묘를 찾은 순례자들」,
1497년,
바르베리니 궁전 국립고전회화관.

족하다. 거리에 나서는 일이 장애인에게 어려울 수밖에 없는 현실이다. 이것이 장애인의 잘못일까?

리에페링스Josse Lieferinxe. 우리에게는 생소한 화가다. 1500년을 전후하여 프랑스 남부에서 활동했다는 사실 말고는 알려진 것이 적다. 이 작품은 그의 대표작 「세바스티아노 성인의 묘를 찾은 순례자들」, 성당 안에 놓인 것은 성인의 유골함이다. 그 주위를 둘러싼 이들은 순례자들이다. 중세 사람들은 성인의 유물과 유골을 찾아가 병을 낫게 해달라며 소원을 빌었다. 그런데 그림 가운데서 유골함을 어루만지며 소원을 비는 사람은 장애인이다.

이 작품에는 생각할 거리가 두가지 있다. 첫째, 그림 속 인물의 험난한 여정. 교통이 요즘 같지 않던 시대다. 장애인을 위한 인프라가 존재할 리는 만무하다. 순례는 비장애인에게도 고된 여정이었다. 그런데 그 힘든 길을, 그림 속 저 사람은 목발을 짚고 찾아온 것이다.

둘째, 화가가 장애인을 그리는 방식. 장애인을 놀림감 삼던 잔인한 시대였으나, 리에페링스의 시선은 따뜻하다. 장애인을 마냥 가엾게 그리지도 않았다. 화면 중앙을 차지한 늠름한 모습. 화가는 장애인을 대상화하지도 타자화하지도 않았다.

## : 비장애인의 잔인한 시선

리에페링스의 따뜻한 시선은 사실 예외에 가깝다. 서양미술에서 장애인을 그리는 시선은 대체로 잔인했다. 사회가 장애인을 잔인하게 대했으니까.

우선 장애인을 신기한 구경거리로 여겼다. 높으신 양반들은 장애인한테 애완동물 돌보는 일을 맡겼다. 왜소증 장애인은 궁정의 광대로 취직하기도 했다. 어느 경우건 동물과 함께 사람들 앞에 나타났다. 비뚤어진 비장애인이 보기에는 장애인이 동물과 다르지 않았을지도 모르겠다. (장애인의 반대말은 일반인일까? 그건 '비장애인'의 주장일 뿐이다. '장애가 없는 사람'이라는 뜻을 살린다고 해도 비장애인이라는 표현이 적절하다.)

다음 그림은 그런 차별을 단적으로 보여준다. 왜소증 장애인에게 일부러 큰 옷을 입혔고, 심지어 개와 나란히 세워놓았다. 마스티프 종의 개, 하필 몸집도 크다. 인간과 개가 비슷한 덩치로 보일 수밖에. 장애인 광대를 놀리려는 속셈이다. 사람 취급을 받지 못하는 저 사람은 지금 어떤 기분일까? 왜 험상궂은 표정일까? 정말 화가 났을까, 아니면 높으신 양반을 즐겁게 해드리기 위해 일부러 화가 난 척 연기한 걸까? 어느 쪽이건 끔찍한 일이지만, 화가는 더 깊이 파고들지는 않는다.

「그랑벨 추기경의 광대」라고 불리는 작품. 르네상스 화가 안토니스 모르<sup>Antonis Mor</sup>가 그렸다. 그랑벨 추기경은 미술 애호가로 알

안토니스 모르,
「그랑벨 추기경의 광대」,
1560년경,
루브르 박물관.

려졌다. 그는 모르처럼 당대의 잘나가던 작가들을 후원하기도 했다. 추기경이면 무척 높은 성직자인데 왜소증 장애인을 이렇게 대접했다니, 씁쓸하다. 어떤 이들은 종교생활과는 관계없는 집안 잘난 덕으로 고위 성직자가 되던 시대였다지만 말이다.

그랑벨 추기경에 대한 자료를 정리하다가 의미심장한 글과 마주쳤다. "당대 최고의 화가들이 그랑벨 추기경의 초상화를 그렸지만, 오늘날 더 유명한 작품으로 남은 쪽은 정작 「그랑벨 추기경의 광대」 초상화"라나. 이 글을 보고 약간의 위안을 얻었다는 사람도 있다. 조금이나마 정의가 실현된 기분이라고 말이다. 엉뚱한 방법으로라도.


## : 벨라스케스의 인물들

처음 봐서는 복잡한 줄도 모르는 복잡한 그림. 도대체 무슨 장면인가? 그림 왼쪽부터 이상하다. 거대한 캔버스 앞에 선 화가가 왜 우리를 바라볼까? 우리 쪽에 무엇이 있기에? 혹시 우리 쪽에 거울이 있어서, 자기 모습을 보고 그리는 걸까? 아니다. 자화상 속 화가들은 보통 '왼손'에 붓을 잡는다. 거울에 비친 자기 모습을 보고 그리기 때문이다. 하지만 이 사람은 오른손에 붓을 잡았다. 그러니 우리 쪽에 거울이 있는 것은 아니다. 거울은 반대로 화면 중앙 먼 곳에 있다. 거울 속에는 두 사람이 있다. 아, 그렇다면 우리 쪽에 두 사람이 서 있고, 화가는 그들의 초상화를 그리는 중이구

디에고 벨라스케스, 「라스 메니나스」,
1656년, 프라도 미술관.

나. 그림 중간에 서 있는 이들은 화가와 모델을 찾아온 것이구나.

벨라스케스의 대표작 「라스 메니나스」 Las Meninas 다. '시녀들'이라는 뜻. 에스파냐의 궁정화가였던 벨라스케스가 왕과 왕비의 초상화를 그리는 도중, 어린 공주가 시녀들과 광대들을 거느리고 방문한다. 이 상황을 다시 벨라스케스가 그림으로 그렸다. 복잡하기도 하지. (그림의 수수께끼는 아직도 완전히 풀리지 않았다. 이를테면 멀리 보이는 엉거주춤한 사나이는 방에 들어오는 걸까, 방에서 나가는 걸까? 수백 년째 논쟁 중이다.)

「라스 메니나스」가 미술사에서 워낙 중요한 작품이다보니 그림 속 인물의 이름이 모두 남아 있다. 일단 귀족과 공주의 이름은 언급하지 말고 넘어가자. (지금 우리의 관심사가 아니기도 하거니와, 에스파냐 귀족의 이름은 너무 길어 읽기도 힘들다.) 그림 오른쪽의 왜소증 장애인 두 사람의 이름만 알아보자. 정면을 보는 사람의 이름은 마리 바르볼라 Mari Bárbola, 개를 툭툭 차며 장난을 치는 이는 니콜라시토 페르투사토 Nicolasito Pertusato 다.

이 사람들의 신분은 궁정광대. 공주의 놀이친구였다. 벨라스케스는 이 사람들을 불쌍하거나 기괴하게 그리지 않았다. 특히 마리 바르볼라는 공주만큼이나 당당하게 관객을 마주 본다. 그가 이 그림의 주인공이라 해도 믿겠다. 벨라스케스는 장애인을 대상화하지 않고 당당한 인간으로 그려냈다.

다음 그림 역시 디에고 벨라스케스의 작품이다. 「세바스티안 데 모라 Sebastián de Morra 의 초상」. 당시 에스파냐 궁정의 광대였던

디에고 벨라스케스,
「세바스티안 데모라의 초상」,
1645년경,
프라도 미술관.

데모라를 그렸다. 왜소증 때문에 길게 자라지 않은 다리를, 우리를 향해 들이민다. 저 강렬한 눈빛을 보라. 마치 이렇게 말하는 듯하다. '이 사람이 나다. 나는 나를 받아들인다. 그러니 당신도 나를, 타자화하지 말고, 있는 그대로 받아들여야 한다. 비장애인끼리 서로 아무렇지 않게 대하듯, 장애가 있는 내 몸을 아무렇지 않게 대해야 한다.'

장 옵 드 벡Jan Op De Beeck은 캐리커처를 그리는 벨기에의 만화가다. 한번은 자기 캐리커처를 그려달라며 휠체어를 탄 장애인이 찾아왔단다. "눈은 작고 눈썹은 선 하나, 이마는 좁고 목은 보통사람의 2배, 얼굴은 부었고 입은 튀어나와 보였다." 만화가는 당황했다. 캐리커처란 사람을 우스꽝스럽게 일그러뜨리는 그림. 평범한 얼굴을 평범하게 그려도 '나를 왜 이렇게 잘생기지 않게 그리느냐'며 따지기 일쑤다. 혹시 모델에게 상처를 주면 어쩌나. 만화가는 함께 온 비장애인에게 솔직히 물었다. "내가 어떻게 그려야 할까요?" 대답은 이랬다. "당신 눈에 보이는 대로 다 그려주시오. 대충 빼먹지 말고!" 비장애인을 대할 때와 다르게 대하지 말라는 태도였다. 만화가는 큰 감동을 받았다.

벨라스케스의 작품을 볼 때면 나는 그 일화를 떠올린다. 이 그림을 그린 벨라스케스의 의도는 여전히 논쟁거리다. 그러나 나는 이 초상화가 세바스티안 데모라의 마음에 들었으리라 생각한다. 비장애인을 그리는 방식과 다르지 않게 데모라를 그렸기 때문이다. 공들여 그린 초상화를 통해 우리는 데모라의 강인한 정신과 당당한 기개를 만난다. 벨라스케스는 이런 식으로 당시 궁정광대들의 초상화 연작을 남겼다.


## : 로트레크는 무엇을 바랐을까

시원시원한 그림이다. 춤추는 사람이 하늘에 떠 있는 것 같다. 실제로도 몸놀림이 저렇게 가벼울까? 물론 과장이다. 하지만 그 과장 덕분에 더욱 아름답다.

제목은 「마르셀 랑데가 '실페리크' 공연에서 볼레로 춤을 추다」. 그런데 장애인 인권과 이 그림은 무슨 관계인가. 그림 속 마르셀 랑데는 너무나 자유롭게 움직이지 않는가? 사실 여기에서는 이 그림보다 그림을 그린 사람 이야기를 하려고 한다. 앙리 드 툴루즈 로트레크Henri de Toulouse Lautrec. 장애가 있던 로트레크는 자기 그림처럼 맵시 있게 움직일 수 없었다. 자유롭게 이동하거나 춤추지 못했다. 그런데 사람의 움직임을 그려내는 솜씨로는 서양미술사를 통틀어 로트레크만 한 화가가 없다. 자유로운 몸놀림이 얼마나 즐겁고 아름다운가에 대해 로트레크는 누구보다도 잘 알았다. 정작 스스로는 자유롭게 움직이지 못했는데 말이다. 이 괴리를 생각할 때마다 기분이 이상해진다.

그림 공부하던 시절의 일화다. 초보 만화가들이 과제로 만화를 그려오면 프로젝터로 확대하여 모두 함께 보며 선생님께 조언을 듣는 강연이 있었다. 어떤 만화가가 번번이 액션 활극을 그려

앙리 드 툴루즈 로트레크,
「마르셀 랑데가 '실페리크' 공연에서 볼레로 춤을 추다」,
1895~96년,
워싱턴 국립미술관.

왔다. 높이 뛰어올라 공중제비를 돌며 발차기를 날리는 초인적 인물. 거의 불가능한 자세였다. 그렇다보니 해부학이나 원근법에서 세세한 실수가 많았다. 그런데 신기했다. 남들 보는 앞에서 실수를 지적당하면 다음 시간에는 소심하게 그려 올 만도 한데, 어김없이 더 과감한 자세를 그리는 것이었다.

"아, 이건 이상한데요. 이런 자세는 나올 수가 없어요. 불가능해요." 몇번이고 그림을 고쳐주던 선생님은 마침내 호기심을 이기지 못했다. "어느 분이 그리신 그림이에요?" 우리 모두 궁금해하던 참. 교실 구석에서 어느 작가가 조심스레 손을 들었다. 불가능한 몸놀림으로 날아다니는 초인을 그려 오던 사람은, 장애인 매체에 만화를 기고하던 왜소증 만화가.

나는 부끄러운 마음에 등줄기가 서늘했다. 나도 모르게 이런 한심한 생각을 하고 있었기 때문이다. '저 자세는 불가능한 게 맞아. 스스로 동작을 해보면 금방 알 텐데, 왜 그걸 모르지? 이상하군.' 나의 생각은 얼마나 지독한 독선이었나. 나는 평소 습관대로 세상에는 비장애인만 있는 것처럼 생각했다. 같은 교실에 앉아 있으면서도 말이다. 세상을 모르는 사람은 나였다.


## : 장애인 인권의 특수성

로트레크는 그 뛰어난 그림 솜씨로 근사한 자화상을 그리지 않았다. 장난스러운 사진과 자신을 우스꽝스럽게 그린 캐리커처만 남았다. 상처 많은 사람은 솔직하기 어려운 법. 로트레크도 그랬을까.

자신과는 다른 몸을 가진 비장애인 무용수를 그리며, 로트레크는 어떤 기분이었을까. 샘이 났을까, 부러웠을까. 아니면 그림에만 신경을 썼을까. 알 수 없다. 그리고 상상하는 것도 조심스럽다. 로트레크의 속마음을 멋대로 재단하다가 어떤 편견에 빠질지 모를 일이니 말이다. 다만 걷고 달리고 싶은 욕망은 그도 비장애인과 마찬가지였으리라는 점, 그것만큼은 사실일 것 같다.

자유롭게 움직이고 이동할 권리, 장애인은 누리기가 쉽지 않다. 비장애인이 이 권리를 누리려면? 주위에서 내버려두면 된다. 하지만 장애인의 경우는? 도움이 필요하다. 인프라를 구축하는 일에는 돈이 들기 때문이다. 이것이 장애인 인권의 특수성이다.

장애인 인권을 위해 사회는 얼마나 많은 비용을 지불해야 하나? 지금 우리 사회가 쓰는 비용이 너무 적다는 점은 분명하다. 저상버스를 늘리는 비용은 아끼면서, '장애인 이동권을 보장하라'는 시위를 진압할 때 드는 비용은 아끼지 않는 것 같다.

인권 선진국으로 꼽히는 네덜란드에서 한 장애인이 '내가 섹스할 권리를 누리기 위해 국가가 책임을 져야 한다'는 소송을 걸었다. 결과는 놀라웠다. 법원이 장애인의 손을 들어준 것이다. 법원 판결에 따라 국가가 무엇을 어떻게 해주었는지, 그것이 바람직한 일인지 아닌지는 여기서 다루지 않기로 하자. 굳이 이 이야기를 꺼낸 이유는, 장애인 인권 문제에서 우리 사회가 얼마나 뒤처져 있는지 확인하고 싶었기 때문이다.


## : 타인의 고통에 대하여

잔인한 그림이다. 장애인을 구경거리로 내보이는 것 같다. 심지어 기분 나쁜 구경거리로 말이다. 다시는 쳐다보고 싶지도 않은 그림이다.

장애인차별처럼 보이기도 한다. 풍자하지 말아야 할 대상을 풍자한 그림 같아 화가 날 수도 있다. 그러나 이 그림이 탄생한 맥락을 알고 나면 생각이 달라질 것이다. 이런 그림을 어떻게 받아들여야 할지는, 그다음에 다시 이야기해보자.

20세기 독일 화가 오토 딕스가 그린 「상이군인들」이라는 작품이다. (가난한 시인 이바르 폰 뤼켄을 그린 바로 그 화가다.) 딕스는 1차 세계대전의 참전용사로, 그가 겪은 전쟁은 지옥이나 진배없었다. 그런데 이상했다. 전쟁의 끔찍함을 잊고 다시 전쟁을 벌이자는 사람들이 나타났다. 딕스는 견딜 수 없었다. 전쟁의 참상을 고발하는 작품을 그렸다.

「상이군인들」 역시 전쟁 반대를 외치는 그림이다. '보라, 팔을 잃고 다리를 잃고 얼굴이 부서졌다. 이러한 고통을 또 겪고 싶은가? 전쟁에 반대한다.' 딕스의 메시지다. 실제보다 더욱 기괴하고 고통스럽게 묘사한 20세기 전반의 이런 그림을 신즉물주의 회화라고 한다. 더 큰 고통을 막는다는 명분으로 타인의 고통을 전시

오토 딕스,
「상이군인들」
1920년,
워싱턴 국립미술관.

하는 셈이다. 당시는 그런 시대였다. 독일의 에른스트 프리드리히Ernst Friedrich는 『전쟁에 반대하는 전쟁』Krieg dem Kriege! 이라는 사진집에 안면 기형 장애를 입은 참전용사들의 얼굴 사진을 집어넣었다. 프랑스 감독 아벨 강스Abel Gance의 「나는 고발한다」J'accuse에는 상이군인들의 으깨진 신체를 보여주는 장면이 나온다. 이렇게 타인의 상처와 장애를 고스란히 사람들에게 보여줬지만, 전쟁을 막지는 못했다.

한편 전쟁에 반대했다는 이유로 딕스는 훗날 히틀러Adolf Hitler 패거리한테 곤욕을 치른다. 나치Nazi 전쟁광들의 손에 「상이군인들」의 원작은 사라지고 흑백 사진만 남았다는 이야기가 있다. 이것이 사실이라면 작품 자체도 전쟁의 소용돌이에 휘말려 상처를 입고 만 것이다.

작품의 맥락을 알고 나서도 마음 한구석은 불편하다. 아무리 좋은 목적을 위해서라도, 타인의 고통을 구경거리로 삼아도 되는가? 논쟁을 부르는 주제다. 두고두고 생각해보기로 하자.

## 04

이주민,
국민 이전에
인간

## : 행복한 이주는 없다

사람들은 왜 이주를 할까. 행복한 삶터에서 더 행복한 새 삶터
로 떠나는 이도 있겠지만 흔치 않다. 자기 고향에서 더 살 수 없게
되어 떠나는 경우가 대부분이다.

이주를 하는 한가지 이유는 학살당하기 싫어서다. 정치적 박해
나 대량학살을 피해 달아나는 것은 까마득히 오래전부터 이주의
이유였는데, 신약성서에서는 헤롯Herod 왕의 학살 때문에 이집트
로 피난 가는 예수 가족의 이야기를 확인할 수 있다. 요셉, 마리아,
아기 예수는 원조 난민이었던 셈이다.

카라바조Caravaggio의 걸작「이집트로의 피난」. 아름답게 그렸다.
지나치게 아름답게 그렸다. 피난길에 어떻게 씻었는지 일가족이

카라바조,
「이집트로의 피난」,
1597년경,
도리아 팜필리 미술관.

혈색도 좋다. 천사가 바이올린으로 자장가까지 연주해준다니, 성서에도 없는 이야기다. 새근새근 잠든 아기 예수. 그야말로 초호화 여행처럼 보인다.

카라바조는 이탈리아 바로크미술의 대가다. 청개구리 같은 천재라고 할까. 특히 종교화를 그릴 때 짓궂었다. 여느 화가들이 아름답게 그리는 장면은 참혹하고 충격적으로 연출한다. 반대로 아주 가끔은 엉뚱한 장면을 쓸데없이 아름답게 그리기도 했다.

당연한 이야기지만, 이주는 대개 아름답지 않다. 전쟁과 학살을 피하기 위한 이주라면 더더군다나. 오늘날 북아프리카에서 내전 때문에 달아나는 난민 역시 가혹한 현실에 처해 있다. 유엔난민기구의 보고서에 따르면 전쟁이나 박해 때문에 살던 곳을 등진 사람이 2016년 말에 6,560만 명이나 된다고 한다. 이 가운데에는 시리아와 팔레스타인 사람들도 있다. 옛날 예수 가족이 피난하던 길을 밟은 이들도 있을 터이다. 물론 현실 속 난민의 고통은 카라바조의 그림에 묘사된 피난길과는 다를 것이다.

## : 이주는 가난 · 인종차별과 한 묶음

아름다운 남녀가 그림 가운데 앉아 있다. 서로 사랑하는 사이인 듯한데, 표정이 밝지 않다. 불안한 눈빛. 여자는 한 손으로 남자의 손을 꼭 잡았다. 여자의 다른 손은 품속에 있다. 아, 잠깐! 그 손으로 고사리 같은 작은 손가락을 감싸쥐었다. 그렇구나, 아이가 있

포드 매독스 브라운,
「영국에서의 마지막」,
1852~55년,
버밍엄 박물관 및 미술관.

구나. 모포 아래 아이의 머리며 몸통이며 윤곽이 보인다. 일가족이 배에 탔다. 어떤 사연일까.

제목이 곧 힌트다. 포드 매독스 브라운Ford Madox Brown 의 「영국에서의 마지막」이다. 화면 오른쪽 위로 보이는 하얀색 부분은, 잉글랜드 남쪽 해안의 명물인 '도버Dover 의 흰 절벽'이다. 즉 이 작품은 갓난아이가 딸린 일가족이 영국을 떠나는 장면을 묘사한 것이다.

화가는 영국에서 먹고살기 힘들어 오스트레일리아로 이민을 떠난 친구 가족을 생각하며 그렸다고 한다. 가족 구성만 보면 카라바조의 그림과 비슷하다. 다만 천사도 없고 아름다운 풍경도 없다. 바닷바람이 매서울 뿐이다. 그래도 지긋지긋한 가난에서 탈출하는 참이다.

영국에서 사랑받는 그림으로, 영국 사람이 가장 좋아하는 그림으로 뽑힌 적도 있다. 그림 안에 누구나 이해할 수 있는 이야기가 담겨 있어 그럴 것이다. 감정도 이입하기 쉽다. 밥벌이를 위해 이주를 선택했지만 잘할 수 있을까 하는 마음도 컸을 것이다. 이주자의 희망과 두려움을 잘 표현했다. 다만 지나치게 감상적인 그림이라고 보는 의견도 있다. 비평가들이 썩 높게 평가할 작품은 아니라는 뜻이다.

영국을 떠나 오스트레일리아로 간 백인들은 낯선 환경에서 힘들게 살았다. 그러나 생각해보자. 오스트레일리아에 살던 원주민들이 한참은 더 힘들었을 터이다. 백인 이주민에 의해 거의 절멸

되다시피 했으니 말이다. 이주 문제는 가난이나 인종차별과 엮이는 경우가 많다.


## : '고귀한 야만인'이란?

다음에 살펴볼 그림은 벤저민 웨스트<sup>Benjamin West</sup>의 작품 「가이 존슨<sup>Guy Johnson</sup> 대령의 초상」. 오른쪽에 있는 군인이 가이 존슨으로, 평범해 보인다. 왼쪽의 인물이 특이하다. '인디언'이라고 엉뚱하게 불려온 미국 원주민이다. 카롱히온티에<sup>Karonghyontye</sup>, 모호크<sup>Mohawk</sup>족의 추장이라고 한다.

원주민 추장을 고매한 현자처럼 묘사해서 유명한 작품이다. 서양에는 옛날부터 '고귀한 야만인'이라는 개념이 있었다. 벤저민 웨스트는 원주민을 딱 그렇게 묘사했다. 웨스트가 원주민을 존중한 것일까? 답하기 어려운 문제다. 비하하여 그리지는 않았지만, '스테레오타입<sup>stereotype</sup>'이다. (이 개념에 대해서는 뒤에 설명하겠다.) 지나친 미화 역시 일종의 차별이라고 할 수 있다. 같은 인간으로 대하지 않고 대상화하기 때문이다.

전통적으로 서양인은 이민족을 만날 때마다 가늠해왔다. 자기들보다 고귀한 사람들일까? 아니면 자기들보다 하찮은 야만인일까? 글쎄, 어디서 본 듯한 이분법이다. 여성을 대하는 남성의 판타지와 통한다. "남자 보기에, 여자는 성녀 아니면 탕녀"라고 했다. 성녀이자 탕녀라는, 현실과 동떨어진 존재를 남자가 상상할 때 이

벤저민 웨스트, 「가이 존슨 대령의 초상」, 1776년, 워싱턴 국립미술관.

판타지는 완성된다. 백인이 상상하는 '고귀한 야만인'도 마찬가지다.

화가 웨스트는 상상했다. 고귀한 야만인 부족이 백인과 어울려 서로 존중하며 살게 되리라고. 그림의 왼쪽, 저 멀리 배경에 희망 섞인 장면이 펼쳐져 있다. 웨스트의 상상은 현실이 되었나? 천만의 말씀. 수가 늘어난 백인 이주민은 원주민을 함부로 죽였다. 살아남은 원주민은 고향을 잃고 강제이주를 당했다. 일손이 모자라자 백인들은 아프리카에서 흑인을 노예로 데려왔다. 또다른 이주가 일어난 것이다.

역사 속에서 이주는 계속됐다. 노예해방 이후 가난한 흑인들은 농촌을 떠나 도시를 향했다. 바다 건너 아일랜드와 이탈리아에서 가난한 백인들이 미국으로 이민 오기도 했다. 대공황 시절에는 도로시아 랭의 사진처럼 미국 땅 안에서 떠돌아다니는 사람들도 많았다. 20세기 후반에는 중남미에서 히스패닉계 백인이 국경을 넘어 미국으로 들어왔다. 이주의 역사는 멈추지 않는다.

## : 노예와 강제이주, 끔찍한 현실

처음 보면 무슨 그림인지 알기 어렵다. 물감을 덕지덕지 발라놓은 것처럼 보인다. 한참 들여다보면 그림의 세부가 하나둘씩 눈에 들어온다. 왼쪽 중간 비쭉비쭉 보이는 형상은 옛날 배다. 그 아래에서 퍼렇고 하얗게 부서지는 것은 파도. 하늘은 붉게 물들었다.

해가 지나보다.

얼핏 보면 20세기 추상화 같지만, 19세기 영국 화가 조지프 말로드 윌리엄 터너 Joseph Mallord William Turner 의 작품이다. 터너는 성실한 풍경화가였다. 사람들은 그를 단지 괴짜 화가라고 생각했지만 말이다. 예컨대 이런 일이 있다. 몇년 동안 터너는 하늘을 부옇고 시뻘겋게 그렸다. 한동안 사람들은 터너가 자기 마음대로 화면에 물감을 발랐다고 생각했다. 그런데 오늘날 기상학자들에 따르면 1815년 인도네시아의 탐보라 Tambora 화산이 폭발해 어마어마하게 많은 화산재를 쏟아내는 바람에, 그때는 정말로 영국 하늘의 색깔이 지금과는 달랐을 것이라고 한다. 터너는 눈에 보이는 대로 그렸던 것이다. 터너의 마음도 몰라주고(?) 나중 사람들은 터너를 현대미술의 선구자로 섬겼으니 얄궂은 노릇이랄까. 아무려나, 터너는 클로드 모네 Claude Monet 와 더불어 현대회화에 가장 큰 영향을 미친 화가로 꼽힌다.

이 작품의 제목은 「노예선」. 노예는 어디에 있나? 화면 오른쪽 아래 흑인 노예의 발이 보인다. 사슬에 묶인 채 바다에 던져졌다. 뜻밖의 '먹을거리'에 흥분한 갈매기가 날아든다. 성난 바다와 하늘은 터너가 즐겨 그리던 주제지만, 노예의 비참한 죽음은 터너가 직접 보고 그린 장면은 아닐 것이다.

1781년의 종호학살사건에서 영감을 받았다는 이야기가 있다. 노예를 실어 나르던 배의 이름이 '종' Zong 이다. 아프리카에서 자메이카로 싣고 가던 노예들이 병이 났다. 선장은 셈이 빨랐다. 노

조지프 말로드 윌리엄 터너,
「노예선」,
1840년,
보스턴 미술관.

예가 바다에서 사고로 죽으면 보험금을 받을 수 있다는 규정을 떠올렸다. 122명의 병든 노예를 며칠에 걸쳐 바다로 던져버렸다. 보험회사는 보험금을 줄 수 없다며 재판을 걸었다. 선장은 '관리 소홀'의 책임을 지고 돈을 받지 못했다. 노예들의 죽음은 재산상의 손실이었을 뿐이다. '살인죄'로는 기소되지 않았다. 당시 법적으로 노예는 화물일 뿐 사람이 아니었기 때문이다. 이것이 노예무역이라는 강제이주의 섬뜩한 실상이다.

## : 사우가두의 사진에서 무엇이 아쉬운가

세바스치앙 사우가두Sebastião Salgado는 원래는 사회학자였다가 사진작가로 변신한 인물이다.『이주: 이행 중의 인류』Migrations: Humanity in Transition는 1993년부터 1999년까지 7년 동안 39개 나라를 다니며 촬영한 사우가두의 프로젝트다. 당연한 이야기지만 그가 주목받는 이유는 여느 작가보다 잘 찍기 때문이다. 사진의 완성도가 높다. 구석구석 흠잡을 곳이 없는 사진이다. 하지만 주제를 보면 당황스럽기도 하다. 이주는 고통스러운 일인데, 사진이 이렇게 아름답다니.

사우가두의 사진은 아름답다. 지나치게 아름다워 문제다. 사우가두가 때때로 비판받는 이유이기도 하다. 완성도가 좀 떨어지더라도 진정성 넘치는 사진을 좋아하는 사람들이 있다. 그런데 사우가두의 사진은 너무 완성도가 높아서 외려 진정성이 떨어져 보이

© Sebastião Salgado

세바스치앙 사우가두,
『이주: 이행 중의 인류』 중에서,
2000년.

는 것 같다. 평론가 수전 손택<sup>Susan Sontag</sup>은 『타인의 고통』<sup>이재원 옮김,</sup> <sup>이후 2004</sup>이라는 책에서 이렇게 말한다. "사우가두는 아름답게 구성된 극적인 사진들 (…) 대형 사진들을 생산해낸다는 이유로 끊임없이 공격을 받았다." 하지만 손택은 이러한 비판에 동의하지 않는다. "이런 주장이 부당한 것은 사실"이라고 덧붙였다. 아름답다고 비판하자니 그의 말처럼 민망하긴 하다.

손택은 다른 관점에서 사우가두를 비판한다. 손택이 보기에, 문제는 사우가두의 시선이다. 39개 나라의 이주민을, 사우가두는 '고통받는 보편적 인간'이라는 관점에서 촬영했다. 사우가두의 작품에 보편적 호소력이 있는 이유다. 그러나 거기까지다. "사진 설명에 사우가두가 찍은 무력한 사람들의 이름이 언급되지 않는다는 점은 중요하다." 사우가두의 작품에는 구체적으로 어느 지역의 어떤 사람이 고통받고 있는지가 드러나지 않는단다. 손택은 "이주민이 겪는 서로 다른 고난과 그 고난을 불러온 서로 다른 원인을 한데 뭉뚱그렸다"고 비판한다. 보는 이의 연민을 자아내려면 이렇게만 해도 충분할까? 그러나 문제를 해결하려면 부족하다. 연민은 추상적이지만 (문제 해결을 위한) 정치는 구체적이어야 한다고 손택은 설명한다.

요컨대 이주민을 바라보는 사우가두의 시선이, 손택은 불편한 것이다. 이주민 당사자의 목소리가 살아 있지 않기 때문이다. 그렇다면 이주민 문제를 보는 이주민의 시선을 알려는 노력은 없었을까?

## : 이주민의 시선을 이해하려면

2016년, 국립현대미술관에서 '올해의 작가상'을 받은 믹스라이스. 조지은과 양철모, 두 작가가 짝을 이룬 듀오다. 믹스라이스는 '올해의 작가' 전시에 식물의 이주를 추적한 프로젝트를 선보였다. 다음은 그 프로젝트에서 고른 사진 1장이다. 「조경업자에게 훼손된 곶자왈에서 불법으로 옮겨진 팽나무 62그루 중 일부, 안덕면 동광리 산 91-4」라는 제목 같지 않은 제목이 달려 있다.

숨 돌릴 틈 없이 진행되는 급격한 도시화. 무지막지한 재개발. 그 와중에 나무는 뿌리째 뽑혀 다른 곳으로 이주하고 또 이주한다. 흔한 나무지만, 하나하나 사연이 있다. 우리는 나무 한그루 한그루가 당당한 생명이라는 사실을 자주 잊는다. 팔려가는 상품이 되어 이주하고, 고향이 더는 살 수 없는 곳이 되어 이주한다.

나무의 이주 내력을 좇는 작업은 곧 인간의 이주에 대한 은유라고 생각한다. 사람들은 이주한다. 전쟁을 피해서, 박해를 피해서, 인간다운 삶을 위해서, 돈을 벌기 위해서, 살던 곳을 등진다.

믹스라이스는 10여 년 동안 이주 문제를 작품 주제로 다루었다. 가장 눈길을 끄는 프로젝트는 마석가구단지 이주노동자들과 함께 한국어 연극 「불법 인생」을 만들어 무대에 올린 것이다. 2012년부터 2014년까지는 이주노동자들과 '마석동네페스티벌'이라는 이름의 록페스티벌을 열어 다른 지역 주민들을 초대했다.

'이주노동자는 딱하다, 이주노동자는 고달프다'는 메시지, 그

믹스라이스,
「조경업자에게 훼손된 곶자왈에서 불법으로 옮겨진
팽나무 62그루 중 일부, 안덕면 동광리 산 91-4」,
2013년.

들을 대상화하는 창작 방식을 넘어서, 이주노동자 스스로 '주체'
가 되어 목소리를 내도록 판을 마련한 것이다.

　예술을 통해 '이주민을 어떻게 재현할 것인가' '이주민은 우리
의 외부인가 내부인가'라는 질문과 맞닥뜨린다. 우리는 이주민의
목소리를 듣고 그들을 대상화하지 않으면서 이 질문의 답을 찾아
나가야 한다.

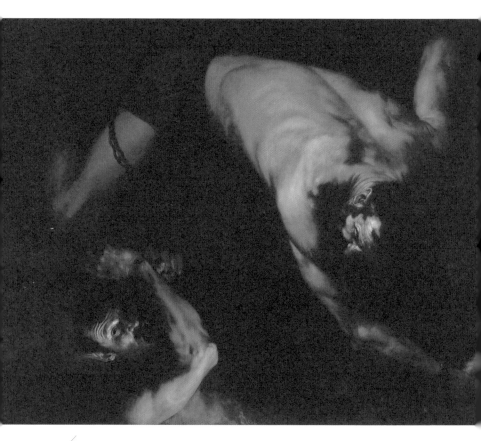

후세페 데 리베라,
「익시온」,
1632년,
프라도 미술관.

## 05

성폭력,
성적
자기결정권의
침해

## : 어째서 성폭력은 나쁜 짓인가

거대한 바퀴에 거꾸로 묶인 남자. 얼굴은 보이지 않지만 뒤틀린 몸만 봐도 알겠다, 얼마나 괴로운지. 왼쪽에 숨어 사슬을 잡은 자는 형리인지, 고통에 공감하기는커녕 비웃는 표정이다. 뾰족한 귀를 보니 평범한 옥졸은 아니다. 이곳은 지옥. 사내는 영원한 벌을 받는 중이다.

후세페 데 리베라 Jusepe de Ribera가 그린 「익시온」. 리베라는 에스파냐 바로크미술의 대가다. 바로크회화의 특징은 한마디로 '강렬함'이라고 할 수 있다. 특히 빛의 효과가 강렬하다. 화면은 시커멓고 아주 일부에만 강한 빛을 비췄다. 구도도 강렬하다. 남자의 몸이 화면을 대각선으로 가른다. 긴장이 화면에 가득하다.

익시온Ixion은 그리스 신화의 악당으로 유명하다. 하고많은 죄를 짓고도 멀쩡했는데, 죄 하나가 정말 컸다. 신들의 여왕, 헤라 여신을 강간하려 한 것이다. 헤라의 남편 제우스는 헤라와 똑같이 생긴 구름을 익시온의 곁에 두었고, 익시온은 구름을 덮쳤다. 제우스의 분노가 폭발했다. 익시온을 그 자리에서 현행범으로 체포했다. 그러고는 지옥의 가장 끔찍한 곳으로 보내서 영원히 쉬지 않고 돌아가는 바퀴에 묶었다. 익시온은 아마 지금도 돌고 있을 것이다.

익시온은 벌받아 마땅하다. 성폭력은 나쁜 짓이니까. 그런데 생각해보자. 성폭력은 왜 나쁠까? 옛날에는 여성의 정조를 침해하기 때문에 성폭력이 나쁘다 했다. 그럼 부부 사이에서 일어나는 성폭력은 덜 나쁜가? 요즘은 말도 안 되는 소리다.

인권의 관점에서 보면 이렇다. 인간은 자기 일을 자기가 결정할 자유가 있다. 이것이 바로 자기결정권. 성폭력은 성적인 자기결정권을 침해하는 행위다. 그래서 나쁘다.

## : 침해당한 것은 정조인가, 자기결정권인가

조선 세종 때 편찬된 『삼강행실도』. 수록된 목판화들은 뛰어나지 않지만, 전달할 내용은 모두 들어가서 소박한 느낌을 자아낸다. 그 가운데 「최씨분매崔氏奮罵」편. 최씨가 화를 내며 꾸짖는다는 뜻이다.

최씨가 살던 진주에 왜적이 쳐들어왔다. 그림 아래쪽에는 왜적이 마을을 노략질하는 장면이 묘사되어 있다. 최씨는 산으로 달아났는데, 왜적이 쫓아왔다. 최씨를 강간하기 위해 남자들이 칼을 꺼내 위협했다. 최씨는 거세게 저항했다. "차라리 죽겠다"며 남자들을 꾸짖었다. 결국 남자들은 최씨를 살해했다. 그림 위쪽에 최씨가 피살되는 장면이 있다.

최씨를 강간하려다 살해한 남자들은 참 나쁘다. 그런데 『삼강행실도』가 이 에피소드를 바라보는 시선은 수상하다.

「최씨분매」는 『삼강행실도』의 '열녀도烈女圖' 장에 실렸다. '열녀도'에는 「영녀정절寧女貞節」, 중국 명나라 영씨의 이야기도 있다. 영씨 나이 열여섯에 결혼하기로 했던 남자가 죽었다. 영씨는 "아직 결혼식은 올리지 않았지만 나는 그 집 며느리가 되기로 약속한 몸이니, 그 집에 들어가 시부모를 모시겠다"고 선언했다. (어이없어하는 친부모를 뒤로하고) 시가 아닌 시가에 들어가 52년 동안 베를 짜서 시부모를 봉양했다고 한다. 조선 남자들은 조선 여자들도 영씨를 본받아야 한다며 『삼강행실도』를 만들어 뿌렸다. 과연 영씨의 행동은 본받을 만한 일일까?

「영녀정절」 같은 이야기와 엮이며 「최씨분매」의 주제는 변질된다. 『삼강행실도』의 관점으로 볼 때, 왜적은 왜 나쁜가. 여성 최씨의 성적 자기결정권이 아니라 '유부녀' 최씨의 정조를 침해하려 들었기 때문이다. 그렇기에 최씨는 성폭력 피해자가 아니라, 정조를 지킨 '열녀'로 칭송된다. 아휴, 지나치게 남성 중심의 세계관이다.

## : 수산나를 바라보는 두가지 시선

정원에서 미역을 감으려던 참인가보다. 옷과 신을 곱게 벗어 두었다. 그런데 이게 웬일인가. 두 남자가 나타났다. 잘 차려입은 걸 보니 점잖은 양반 같은데, 대체 무얼 하는 건가. 여자는 겁에 질렸다.

배경은 물가, 맨살을 드러낸 여자 곁에서 잘 차려입은 남자 2명이 걸근대는 그림이다. '수산나의 목욕'이라는 장면으로, 미술사에서 중요한 도상이다. 출전은 「다니엘서」다. (가톨릭에서는 구약성서로 들어가고, 개신교에서는 외경으로 따로 뺐다.) 수산나는 바빌론의 부유한 여성인데, 정원에서 목욕을 하려는 차에 갑자기 정원에 숨어 있던 두 노인이 달려들었다.

두 남자는 이렇게 말하며 성관계를 강요했다. "자, 정원의 문은 닫혔고 우리를 보는 사람은 아무도 없소. (…) 만일 거절하면 부인이 젊은 청년과 정을 통하려고 하녀들을 내보냈다고 증언하겠소." 「다니엘서」 13장 20~21절 수산나는 원치 않았다. 소리를 질러 하인들을 불렀다.

그런데 두 남자는 재판관이었다. 당대에 존경받던 장로였다. 둘이서 말을 맞춰 증언하면 없던 '젊은 청년'도 있는 사람이 된다. 반면 수산나는 혼자다. 게다가 당시 사회적 약자인 젊은 여성이기도 하다. 연구결과에 따르면, 성폭력은 성적 욕망의 문제가 아니라 지배욕구의 문제라고 한다. 자기보다 약한 사람을 힘으로 제압

렘브란트 판 레인,
「수산나와 두 노인」,
1647년,
베를린 국립회화관.

하여 자기 말을 듣게 만들려는 짓이라는 것이다.

앞의 작품은 렘브란트 판 레인<sup>Rembrandt van Rijn</sup>이 그린 「수산나와 두 노인」이다. 렘브란트는 잘 아는 것처럼 네덜란드 바로크미술의 대가다. 거무죽죽한 화면에 두텁게 물감을 올려 반짝반짝 빛나는 효과를 냈다. 렘브란트가 그린 인물은 살아 있는 것처럼 보인다. 그림 속 수산나도 눈이 반짝인다. "나는 억울하다, 나를 위해 증언해달라"며 우리를 쳐다보는 것 같다.

옛날 그림은 대개 남자들 보라고 그렸다. 부유한 남자들이 그림 값을 냈으니까. 그러다보니 남성의 시선이 반영된 작품이 많다. 「수산나와 두 노인」도 마찬가지. 수많은 작품이 남았지만, 렘브란트의 작품처럼 피해자와 눈을 맞추는 작품은 드물다. 렘브란트 그림 속 수산나가 '목격자인 당신이 피해자인 나를 도와달라'며 간절하게 쳐다보는 눈빛이, 당대의 남자들은 영 부담스러웠나보다.

다른 그림들 대부분은 껄떡거리는 남자의 시선을 따라간다. 수산나는 남자들 앞에서 옷을 벗는다. 하지만 성관계 요구는 매몰차게 거절한다. 여기서도 여성은 "성녀이자 탕녀"라는 남성 판타지의 대상에 불과하다. '부잣집 마나님이 옷을 벗는다. 성서도 인정한 미인이니, 함께 훔쳐보자'라고 남자들이 말하는 듯한 그림이 대부분이다.

이탈리아 화가 게르치노<sup>Guercino</sup>의 「수산나와 두 노인」. 그림 속에서 수산나는 아름다운 몸매를 드러낸다. 그러나 우리로부터 얼굴을 돌렸다. 철저하게 대상화된 피해자로 표현되어 있다. 훔쳐보

게르치노,
「수산나와 두 노인」,
1617년,
프라도 미술관.

는 남자들은 얼굴이 드러났다. (흥분하여 시뻘게졌다.) 그림에서 차지하는 면적도 수산나보다 더 크다.

장로 1명은 숫제 관객을 마주 본다. "쉿!" 손가락으로 입을 가렸다. 흥미로운 구성이다. 게르치노는 바로크 시대의 화가다. 바로크미술의 특징은 그림이 그림 밖으로 튀어나온다는 것이다. 어려운 말로, '작품 속 행위가 관람자의 공간에까지 확장'된다고 한다. 미술사를 몰라도 이 그림이 눈길을 끈다는 점은 알 것이다. 가해자 남성이 우리와 한편이다. "쉿! 같이 훔쳐보자고." 공범은 우리였다. 가해자는 우리였다.

성서 속 수산나 이야기는 해피엔딩이다. 가해자 두 사람이 법정에서 거짓증언을 할 때, '소년 탐정' 다니엘이 등장한다. 두 가해자의 진술에서 허점을 찾아내는 다니엘 덕에 수산나는 누명을 벗는다. 하지만 다니엘 같은 '똘똘한 소년 탐정'은 성서 속에나 있지 현실에는 드물다. 제 위세를 믿는 가해자들은 현실에는 더 많다. 성서 속 수산나가 겪은 일을 겪고도 성서처럼 해피엔딩을 맞지 못하는 여성이 현실에는 많다.


## : 유딧, 남자를 죽인 여자

이번에는 유딧Judith 의 이야기다. 가톨릭에서는 구약성서, 개신교는 외경에 기록되어 있다. 히브리 땅에 적이 쳐들어온다. 장수의 이름은 홀로페르네스Holofernes. 유딧이 그의 막사로 찾아간다.

홀로페르네스는 유딧을 덮칠 생각에, 파수병을 물리친 채 술을 마신다. 홀로페르네스가 곯아떨어지자 유딧은 큰 칼을 꺼내 그의 목을 끊는다. 장수를 잃은 적군은 물러갈 수밖에.

유혹은 달콤하지만 결과는 끔찍하다. 이상한 일이지만, 남자들은 이런 상황을 좋아한다. 또하나의 남성 판타지다. 그러나 걸근대다 목이 잘리다니, 누군가는 불편해할 수도 있다. 유혹이냐 살해냐? 어느 쪽을 강조하느냐에 따라 결과물이 달라진다.

르네상스 조각가 도나텔로<sup>Donatello</sup>가 유딧의 동상을 피렌체에 세운 적이 있다. 유혹하는 모습은 전혀 없고 두건을 눌러쓴 채 남자의 목을 '써는' 무서운 유딧이었다. 피렌체 남자들은 그 조각을 싫어했다. 위원회를 소집해 "여자가 남자를 죽이는 장면이 상서롭지 못하다"며 유딧의 동상을 치워버렸다. 그 자리에는 '남자 중의 남자', 미켈란젤로<sup>Michelangelo</sup>의 「다비드」를 세웠다.

다음 작품은 카라바조의 「유딧과 홀로페르네스」다. 카라바조는 시커먼 화면에 강렬한 한줄기 빛을 던지는 연출로 유명하다. 빛과 그림자의 강렬한 대비. 고통과 공포에 사로잡힌 홀로페르네스의 표정이 돋보인다.

유딧과 홀로페르네스의 대비 또한 강렬하다. 수염이 부숭부숭한 홀로페르네스와 달리, 그림 속 유딧은 앳되다. (일본 애니메이션과 게임에 가끔 나오는, 큰 칼을 휘두르는 여고생 전사 같다. 이런 캐릭터도 성적 대상화의 예로 자주 거론된다.) 노인인 하녀와 대비되어, 유딧은 더 소녀처럼 보인다. 성서에는 저렇게 어리게 나오지 않는다. '약

카라바조,
「유딧과 홀로페르네스」,
1598~99년,
바르베리니 궁전 국립고전회화관.

자가 강자를 죽였다'는 주제를 강조하기 위해, 카라바조가 이번에도 장난을 쳤다.

달콤한 유혹과 끔찍한 죽음, 남자의 판타지. 카라바조의 유딧은 판타지에 충실하면서도 참혹한 살해를 더 강조했다. 보기 편한 그림은 아니다. (불편한 그림을 그리는 일에 카라바조만큼 솜씨 좋은 화가는 흔치 않다.)

그렇다면 다음 작품은 어떤가. 한술 더 뜬다. 유딧은 홀로페르네스를 힘으로 제압했다. 완력으로 살해하는 것 같다. 수행하는 하녀도 젊다. 완력으로 유딧을 거든다. 홀로페르네스는 꼼짝없이 붙들려 목숨을 잃는다. 가축처럼 도살당한다.

이탈리아의 바로크 화가 아르테미시아 젠틸레스키<sup>Artemisia</sup> <sup>Gentileschi</sup>가 그린 「유딧과 홀로페르네스」다. 카라바조 다음 세대의 작가다. 시커먼 화면과 한줄기 빛을 보면, 카라바조의 영향을 받은 것은 확실하다. 주제도 유딧, 똑같다. 그런데 느낌이 이렇게나 다르다. 어째서?

화가의 개인사를 초들어 설명하곤 한다. 화가 집안의 딸 아르테미시아 젠틸레스키는 화가가 되고 싶었다. 그런데 당시 피렌체 미술학교는 여자를 받지 않았다. 별수 없이 미술 공부를 위해 독선생을 들였다. 그 선생이 나쁜 사람이었다. 아르테미시아 젠틸레스키를 여러차례 강간했다.

참다못해 그간의 일을 폭로했다. 길고 긴 재판 끝에 미술선생은 벌을 받았다. 그러나 과정이 고통스러웠다. 성폭행을 증명해야

아르테미시아 젠틸레스키,
「유딧과 홀로페르네스」,
1620~21년,
우피치 미술관.

한다며, 아르테미시아 젠틸레스키의 신체를 남성 재판관들이 들여다보며 조사했다. 도시 전체가 피해자의 인생을 훔쳐본 셈이다. 요즘 말로 하면 전형적인 '2차 가해'다.

## : 아르테미시아 젠틸레스키가 그린 '수산나'

성폭력 사건에 대한 시선조차 남성 판타지에서 자유롭지 않다. 수산나를 그린 수많은 작품 가운데 2차 가해라 할 만한 그림들이 많다.

그렇다면 여성은 성폭력을 어떻게 바라볼까? 또하나의 수산나 그림이 있다. 아르테미시아 젠틸레스키가 그린 작품이다. 17세 어린 나이에 이렇게 그렸다니 놀랍다. 그가 성폭행을 당하기 전이지만, 피해자 여성의 처지에서 그렸다. 앞서 살펴본 그림들과는 다르다.

검은 머리 남자의 매만지는 손길. 흰 머리 남자는 손을 입에 가져간다. "쉿!" 게르치노와 비슷한 손짓이지만 방향이 다르다. 관객이라는 공범에게 조용히 하라는 것이 아니다. 피해자보고 침묵을 지키라는 손짓이다.

무섭고 끔찍하다. 남자들의 얼굴은 벌겋게 달아올랐다. 뜨거운 숨결이 목덜미에 와 닿는 것 같다. 수산나의 얼굴에 싫다는 빛이 가득하다.

수산나는 어디를 보고 있을까. 렘브란트의 작품과는 달리 우리

아르테미시아 젠틸레스키,
「수산나와 두 노인」,
1610년경,
바이센슈타인 성.

에게 눈길도 주지 않는다. 수산나는 알아차린 것이다. 우리 가운데 다니엘이 없다는 사실을. 우리 역시 가해자와 공범이라는 사실을.

이 상황을 벗어나고 싶다. 하지만 달아날 수 없다. 그림의 구도를 보라. 재판관이라는 높은 지위를 가진 두 남자는 아주 편안한 모습으로 수산나를 짓누르고 있다. 남자들 뒤로는 푸른 하늘이 탁 트였다. 수산나의 등 뒤에는 꽉 막힌 벽이 답답하다. 자세도 엉덩이 끝만 겨우 걸쳤을 뿐. 아르테미시아 젠틸레스키의 그림에, 저 고통스러운 상황에, 수산나는 갇혀버렸다, 영원히.

## 06

미술 속
성소수자의
인권

## : 당신은 불쌍한 사람인가

　동성애 이야기가 부담스럽다는 이들이 있다. 성소수자 이야기가 나오면 당황한다. 다른 사람의 사랑을 존중해야 한다는 말이 왜 불편할까. 어떤 이성애자는 이렇게 말한다. "어차피 동성애자는 극소수 아니야? 성소수자의 목소리에 우리가 지나치게 신경쓰는 것 같아. 내 주위에는 하나도 없거든." 이 말이 폭력이라는 사실을 모르는 게다.

　이렇게 대답하면 어떨까. "아니야, 동성애자는 당신 주위에도 많이 있어. 다만 당신이 편견에 사로잡혀 있다고 생각하기 때문에, 그 사실을 당신한테만 털어놓지 못했을 거야. 당신 스스로는 친구가 많다고 생각하겠지만, 게이 친구도 레즈비언 친구도 당신에게는 마음을 열지 않는다고. 당신은 불쌍한 사람이야."

우리, 불쌍한 사람은 되지 말자.


## : 동성 커플에 빚진 민주주의

알렉산드로스 대왕, 카이사르, 사자심왕獅子心王 리처드, 레오나르도 다빈치, 차이콥스키, 앤디 워홀, 조디 포스터. 동성애자 또는 양성애자들이다. 널리 알려진 사실이다.

이렇게 유명한 사람들도 동성애를 했으니 우리 모두 동성애를 하자는 뜻은 아니다. 이렇게 곡해하는 사람들이 하도 많아서, 일부러 짚고 넘어간다. 다만 하고 싶은 이야기는 동성애나 양성애가 자연스러운 일이라는 사실이다. 역사를 훑으면 동성애를 문제 삼지 않던 시대가 종종 보인다. 인권이라는 관점으로 보면 어떨까. 성적인 문제에서도 자기결정권은 보장되어야 한다. 이성애자건 동성애자건 양성애자건, 남에게 피해를 주지 않는다면 각자 마음대로 하도록 내버려둬야 한다.

고대 그리스의 도시국가 아테네로 가보자. 석상을 세우고 두 남자를 기렸다. 하르모디오스Harmodios 와 아리스토게이톤Aristogeiton. 참주僭主 를 살해한 사람들이다. 고대 도시국가에서 권력을 잡고 제멋대로 휘두르던 사람을 참주라고 부른다. 그리스어로는 티라노스tyrannos. 티라노사우루스라는 무섭고 난폭한 공룡의 이름이 여기서 왔다. 티라노스는 요즘 말로 '독재자'라고 생각하면 된다.

두 남자는 연인 사이였다. 독재자를 죽인 동기는 치정 문제였다고 한다. 민주주의는 이 두 사람한테 큰 빚을 졌다. 두 사람이 목숨을 바쳐 아테네의 독재자를 암살했고, 뒤이은 권력 투쟁을 거쳐 민주파가 아테네의 권력을 잡았으니까. 민주주의의 시작을 알리는 사건이었다.

민주주의 최초의 두 영웅이 동성애자라는 사실에 당황할 사람이 있을지도 모르겠다. 당시 사람들은 아무렇지도 않았다. 진실을 숨기려고도, 두 사람의 공을 깎아내리려고도 하지 않았다. 고대 그리스 사회는 동성애를 자연스럽다고 여겼으니까.


## : '플라토닉 러브'의 원래 뜻

갑옷을 입은 두 전사. 왜 짧은 치마일까? 고대 그리스에는 바지가 없었으니까. 땅에 화살이 꽂힌 걸 보니 전투가 한창인 듯하다. 왼쪽 남자는 팔을 다쳤다. 오른쪽 남자는 곰살궂은 손길로 상처를 싸맨다. 두 남자 사이가 애틋해 보인다.

고대 그리스의 도기 그림이다. 아픈데 왜 웃지? 아니, 오늘날 우리가 보기에는 웃는 표정 같지만 당시 사람들은 웃는 모습으로 여기지 않았다. 옛날 그림의 관습일 뿐이다. 어떤 상황에서도 표정이 비슷해서 조금 어색하지만, 익숙해지면 그 시대 그림 나름의 매력을 느낄 수 있다.

킬릭스kylix 바닥에 그린 그림이다. 킬릭스란 흙으로 빚어 구운

작자 미상, 「아킬레우스와 파트로클로스」,
기원전 500년경, 베를린 구 미술관.

도기 술잔이다. 오늘날 접시처럼 얕고 넓다. 거르지 않은 포도주
를 따르면 바닥 그림이 잘 보이지 않았을 터. 그림을 보려면 잔을
비워야 한다. 옛날 사람들이 술 권하던 방법인 걸까. 킬릭스 바닥
에 성관계 장면을 자주 그렸는데, (그래야 잔을 더 열심히 비운다고 생
각했나보다) 남자와 남자가 성관계를 가지는 그림도 드물지 않다.

이 그림은 「아킬레우스<sup>Achilleus</sup>와 파트로클로스<sup>Patroclus</sup>」. 아킬레
우스는 트로이 전쟁 때 엄청나게 활약한 신화 속 영웅이다. 파트로
클로스는 그의 친구다. 그냥 친구였을까? 연인이었을지도 모른다.
"사랑보다 먼, 우정보다는 가까운." 잘라 말하기 어렵다. 이 문제
를 놓고 2,800년 동안이나 싸웠는데, 아직도 결론이 나지 않았다.

친구든 연인이든 상관없다는 것이, 고대 그리스 사람들의 생각이다. 동성애에 거부감이 없었기 때문이다. "세상에서 가장 강한 군대는 사랑하는 남성들로 구성된 군대다. 서로 지키려고 열심히 싸울 테니까." 철학자 플라톤의 주장이다. 그 사례로 아킬레우스와 파트로클로스를 들었다. 당시 사람들은 둘 사이를 연인으로 보았다는 뜻이다. 아킬레우스가 양성애자였을 수는 있다. 아들을 낳은 적도 있고 여자친구도 있었다고 하니. 하지만 옛날 그리스 사람들은 동성애와 양성애를 엄격히 구별하지 않았다. 이성애도 동성애도 자연스럽다고 생각했다.

한편 다음 그림을 이해하려면 가운데 인물이 소크라테스<sup>Socrates</sup>라는 것부터 알아야 한다. 어떻게 아느냐고? 소크라테스 얼굴이 저렇게 생겼다고들 한다. 고대 그리스와 로마 조각에 전부 저렇게 묘사됐다. 다만 그림처럼 '몸짱'은 아니었다. 조각을 보면 올챙이 배가 볼록하다.

이 작품은 자크 루이 다비드<sup>Jacques-Louis David</sup>의 「소크라테스의 죽음」이다. 소크라테스가 독약을 마시고 처형당하는 장면이다. 다른 손은 하늘을 가리키고 있다. 죽어서 다른 세계로 간다는 몸짓이다. 제자들이 하도 슬퍼하자, 자기 몸은 죽어도 영혼은 죽지 않는다며 소크라테스가 그들을 달랬다. 플라톤이 쓴 『파이돈』이라는 책에 나오는 장면이다.

슬퍼하는 사람이 몇인가. 공교롭게도 열둘이다. 예수의 열두 제자와 같다. 그렇다면 이 장면은 '최후의 만찬'인가. 그러고 보니

자크 루이 다비드,
「소크라테스의 죽음」,
1787년,
메트로폴리탄 미술관.

한 손에 잔을 든 것도 마침맞다. 그렇다, 다비드는 소크라테스를 예수처럼 묘사했다.

그림에 직각이 많다. 팔이며 기둥이며 침대며, 수직과 수평을 맞춰 그려서 엄격하고 절제된 느낌을 준다. 신고전주의 회화의 특징이다. 인물을 '조각미남'으로 그린 점도 신고전주의답다. 소크라테스의 푸짐하던 뱃살 역시 지나치게 '이상화'됐다. 원래는 아니다. 『향연』이라는 책을 보면 소크라테스는 '얼꽝'에 '몸꽝'이라고 되어 있으니 말이다.

『향연』의 주제는 사랑으로, 플라톤이 썼다. '플라토닉 러브'라는 말의 출처가 바로 이 책이다. 유래가 흥미롭다. 아테네에서 내로라하는 꽃미남 알키비아데스Alkibiades가 소크라테스에게 반했다. 외모는 별로여도 지성이 뛰어났기 때문이었단다. 술 취한 척 소크라테스를 끌어안았는데, 이 '뇌섹남'은 알키비아데스의 몸에 밤새 손대지 않았다고. 플라토닉 러브가 '정신적인 사랑'이라는 뜻은 맞다. 다만 원래 뜻은 '정신적인 동성애'인 셈이다. 앞서 살펴본 "동성 연인의 군대가 가장 강한 군대"라는 말의 출전도 『향연』이다.


: 사랑에 관한 '다빈치 코드'

동성애를 당연하게 받아들인 그리스 문화. 그러나 기독교 문화는 달랐다. 동성애건 양성애건 엄격하게 금지했다. 물론 소용없었다. 사랑이란 금지한다고 막을 수 있는 것이 아니니.

그러다보니 일만 복잡해졌다. 예를 들어 르네상스 시대의 이탈리아 피렌체에서는 평소 동성애를 내버려두다가 고발이 들어가면 엄벌에 처했다. 관용하는 것도 아니고 엄격히 단속하는 것도 아니고, 운 나쁘면 걸리는 셈이다.

레오나르도 다빈치는 불운했다. 젊은 시절 '동성애 혐의'로 고발이 들어가 곤욕을 치를 뻔했다. 그런데 신기한 일이 일어났다. 고발이 취소되고 다빈치도 풀려났다. 그 대신 피렌체를 떠나야 했지만 말이다. 이런저런 점을 미루어 보면, 다빈치는 혹시 피렌체의 지체 높은 남성과 사귀었던 것은 아닐까. 그 상대가 당시 피렌체의 지도자 로렌초 메디치Lorenzo Medici 가 아니었을까 추측하는 의견도 있다.

다빈치는 이곳저곳을 돌아다니다 프랑스에 가서 숨졌다. 그의 걸작이 루브르 박물관에 많은 이유다. 관광객들이 「모나리자」에 몰려드는 동안, 비교적 보는 사람이 적은 다빈치의 다른 작품들을 천천히 감상할 수 있다. 예컨대 다음 작품. 화면이 거무죽죽해 잘 보이지는 않지만, 털옷을 걸쳤다. 털을 몸에 두른 도상, 기억하시는지? 여성이면 막달라 마리아, 남성이면 세례 요한이라고 앞서 말했다. 손가락을 치켜든 모습도 주목. 원래 세례 요한은 '이 사람을 보라'며 근처에 있는 예수를 가리킨다. 그런데 다빈치의 작품에서 요한은 하늘을 가리킨다.

레오나르도 다빈치의 대표작 「세례 요한」. 성인을 그렸지만 거

레오나르도 다빈치, 「세례 요한」,
1513~16년, 루브르 박물관.

룩하기는커녕 성적인 그림으로 보인다. 묘하게 뒤틀린 성자다. 다빈치는 이 남자에게 성적 매력을 느끼지 않았을까. 나만의 상상은 아니다. 당시 사람들도 그렇게 봤고, 후대의 지식인들도 마찬가지다. 그의 작품에 '다빈치 코드'가 숨어 있다는 이야기는 허구다. 반면 '동성애 코드'라면 제법 많이 찾아낼 수 있다.


## : 동성애를 수호하는 성인?

하늘에는 천사, 땅에는 처형당하는 사람. 하늘을 올려다보는 눈빛이 선하다. 신을 원망하는 대신 '나의 영혼을 받아주세요'라는 표정이다. 순교자를 그린 그림이 이렇다. 처형 방식을 보면 누구인지 알 수 있다. 서양미술을 읽는 한가지 방법이다.

온몸에 화살이 꽂힌 순교자는? 세바스티아노 성인이다. (앞서 본 리에페링스의 그림에서 순례자들이 찾아가는 성인이 바로 이 사람.) 성 세바스티아노의 도상은 매우 자주 등장하니, 알아두면 편리하다.

소도마가 그린 「성 세바스티아노」를 보자. 그는 레오나르도 다빈치와 라파엘로가 추구하던 '우아함'의 전통을 이어받은 이탈리아 르네상스의 화가다. 세바스티아노의 몸은 우아하다. 지나치게 우아해서 관능적일 정도. 소도마라는 이름은 별명이다. '소돔<sup>Sodom</sup> 사람'이라는 뜻인데, 요컨대 동성애자라고 소문난 사람이었다.

소돔은 구약성서에 나오는 도시, '소돔과 고모라<sup>Gomorrah</sup>'로 유명하다. 번영하던 도시가 하룻밤 사이에 망했다. 어째서? 성서에

소도마,
「성 세바스티아노」,
1525년.
우피치 미술관.

는 도덕적 타락 때문이라고 쓰여 있다. 그런데 중세에는 동성애 때문이라고 가르쳤다. 성서에 나오는 이야기는 아니고, 성서 구절을 짜깁기하여 중세 사람들이 상상한 것이다. 소돔이 동성애 때문에 망했다는 말은 엄밀히 따지면 근거가 약하다.

작가의 본명은 조반니 안토니오 바치Giovanni Antonio Bazzi. 어쩌다 소도마Il Sodoma, 소돔 사람라 불리게 되었을까? 그를 질투한 다른 화가가 "조반니는 동성애자"라 흉을 보고 소문을 냈다는 것이다. 동성애에 대한 당대 사회의 복잡한 태도가 드러난다. 동성애자로 평판이 자자해도 고발만 안 당하면 잡혀가지 않지만, 남을 흉볼 때 동성애자라고 불렀다는 것. 조반니가 진짜로 동성애자였는지 양성애자였는지는 지금 와서 확인하기 어렵다. 그러나 조반니 본인은 소도마라 불려도 싫어하지 않았다고, 자랑스러워했다는 설도 있다. 혹시 '게이 프라이드'gay pride, 동성애자의 자존심의 원조였을까?

화살 꽂힌 세바스티아노는 옛날부터 수많은 화가와 조각가가 작품으로 만들었다. 서양의 미술관에 가면 가장 자주 만나는 도상 가운데 하나다. 왜 인기였을까? 가장 큰 이유는 세바스티아노가 질병으로부터 우리를 지켜주는 성인이기 때문이다. 몸이 아픈 사람은 세바스티아노 성인에게 빌면 좋다. 또다른 이유는 젊고 아름다운 남성이 옷을 벗은 채 몸을 배배 꼬는 모습이 어딘지 관능적이기 때문이다. 점잖은 분들은 싫어할 이야기일지도 모르겠다.

미술관만 가면 만나는 작품이다보니, 기발한 인형도 나왔다. 유럽 어느 미술관 앞에서 산 성 세바스티아노 핀꽂이. 기둥에 묶인

언임플로이드 필로소퍼즈 길드가 출시한
성 세바스티아노 핀꽂이.

성인과 핀이 한 묶음으로, 성인의 몸 이곳저곳에 핀을 꽂아보는 장난감이다. 상자에 인쇄된 그림은 이탈리아 르네상스 화가인 만테냐<sup>Andrea Mantegna</sup>의 「성 세바스티아노」다. 성인께는 미안하지만, 접근이 유쾌하다.

이와 다른 접근도 있다. 오늘날 성 세바스티아노는 게이의 수호성인이기도 하다. 물론 교황청에서 공인해주지는 않았지만. (그럴 턱이 있나.) 남성 동성애자가 세바스티아노의 도상에 끌리는 까닭은? 영국 『인디펜던트』<sup>The Independent</sup>지에 따르면, "(이유는) 명백하다. 그는 젊고, 남성이고, 결혼도 안 했으며, 사회 주류에 의해 희생당했기 때문"이다. 편견 가득한 사회에서 괴롭힘을 당하는 동성애자들이 고문받고 고통스러워했던 세바스티아노에게 공감을 느낀다는 이야기도 있다.

신성모독일까? 그럴지도 모르지만, 나는 좋게 보고 싶다. 하느님도 싫어하지 않을 것이다. 성 세바스티아노를 수호성인으로 삼다니, 동성애자를 못살게 굴던 그 오랜 편견과 폭력의 역사에 맞서 싸우는 방식이 이토록 평화롭고 문화적일 수 있겠는가.

## : 성소수자는 그 사회 인권 수준의 척도

동성애가 자연스러운 사랑으로 인정받던 시절도 있었지만, 때로 가혹한 탄압을 받기도 했다. 동성애자를 괴롭힌 대표적인 집단이 나치였다. 이 책에 나치 이야기가 자주 나오는데, 그럴 만하다. 그들은 온갖 방법으로 인간의 권리를 무시했기 때문이다. 인권침해의 박물관이랄까.

애초에 히틀러는 지지자들에게 약속했다. 강력한 단결을 이루겠노라고 말이다. 다양한 사람들 사이에서 의견 통일을 이루는 방법은 단 하나다. 소수의견을 틀어막는 것뿐이다. 그래서 나치는 소수자를 학살하는 일에 참으로 열심이었다.

나치가 수백만 유대인을 학살했다는 사실은 잘 알려져 있다. 수용소에 갇힌 유대인은 삼각형을 2개 붙인 노란별을 가슴에 달았다. 나치는 좌파도 학살했다. (수용소를 지은 목적도 처음에는 좌파를 가두기 위해서였다.) 좌파는 빨간색 역삼각형을 달았다. 여호와의 증인도 죽였다. 그들은 보라색 역삼각형 표시를 달았다. 집시라 불리던 로마족도 죽였다. 그들은 검은색 또는 갈색 역삼각형을 달았다.

나치에 박해받은 동성애자들을 추모하는 기념비. 베를린 놀렌도르프 플라츠 거리에 있다.

동성애자 역시 학살당했다는 사실은 잘 알려져 있지 않다. 수용소에 갇힌 남성 동성애자는 핑크, 여성 동성애자는 검은색 역삼각형을 달았다. 무지개 깃발과 더불어 핑크 또는 검은색 역삼각형이 동성애자 인권운동의 상징이 된 까닭이다. 핑크빛 돌로 만든 역삼각형 조형물은 '나치에 희생된 동성애자 추모비'. 베를린의 놀렌도르프플라츠Nollendorfplatz 지하철역에 있다. 감정을 절제한 현대적인 디자인이다.

나치의 강제수용소에서 죽어간 사람들의 면면을 보자. 나치는 사상의 자유를 억압했다. 좌파며 여호와의 증인이며, 자기네와 사상이 다른 사람을 죽였다. 핏줄이 다른 사람도 죽였다. 유대인과 로마족, 그리고 슬라브 사람을 살해했다. 성소수자도 학살했다.

동성애자가 핍박받는 사회는 다양성을 존중하지 않는 사회다. 동성애자의 인권 수준이 그 사회 인권 상황의 척도인 까닭. 우리 사회는 어떤가. 우리 안의 성소수자는 충분히 존중받고 있는가.

## 07

## 제노사이드를
## 어떻게 기억할
## 것인가

**: 죄 없는 사람들의 죽음**

왼쪽에는 학살자들. 칼을 든 남자들이 엄마들로부터 아이를 가로챈다. 오른쪽에는 희생자 가족이 있다. 아이를 빼앗긴 슬픔이 얼굴에 가득하다.

아이들이 살해당하는 도상이다. 신약성서에 따르면, 헤롯 왕은 베들레헴Bethlehem 지역의 갓난아이들을 몰살하라고 지시했다. 나중에 지도자가 될 사람이 나온다는 예언 때문이었다. 그러나 정작 예언의 주인공이던 아기 예수는 이집트로 몸을 피한 상태. 천사가 부모한테 귀띔해줬다나. 「이집트로의 피난」은 이 일을 그린 그림이다. 정말로 이런 학살이 있었는지는 확실하지 않다. 성서에 나온다고 꼭 사실이라는 법은 없으니까. 역사적으로는 사실이 아닐

조토 디본도네,
「무구한 이들의 학살」,
1304~1306년,
스크로베니 예배당.

가능성이 크다고 한다.

　높은 곳에는 명령을 내린 사람이 보인다. 헤롯 왕일 것이다. 그가 손가락 하나만 까딱하면 살인이 이루어진다. 아래에는 살해된 아이들이 포개져 있다. 아이들의 살에 칼자국이 났다.

　이 작품은 이탈리아의 화가 조토 디본도네Giotto di Bondone가 그린 「무구한 이들의 학살」. '무구하다'는 말은 '때가 묻지 않고 깨끗하다'는 뜻이다. 헤롯 왕의 명령으로 죽은 아이들은 무구한 이들이었다. 조토의 작품은 서양미술사에서 독특한 위치를 차지한다. 굳이 나누면 중세미술로 들어가지만 르네상스미술을 예고했다는 평가를 받는다. 배경의 건물이나 아이들 몸을 보면 사실적으로 그리기 위해 노력은 했다. 지금 보기에는 르네상스 작품만 못하지만 당시 중세 사람들 보기에는 깜짝 놀랄 정도로 사실적이었다고. 무엇보다도 그는 감정표현의 대가였다. 기존의 중세 그림은 조토만큼 감정을 잘 담아내지 못했다. 지금 봐도 등장인물들의 감정이 생생하다. 오른쪽, 아이 잃은 어머니들의 비통함이 절절하다.

　가장 왼쪽의 세 사람은 학살자 쪽에 서 있지만 얼굴에 연민이 가득하다. 인간의 마음을 가진 사람임은 알겠다. 그러나 그들이 움직여야 이 상황이 끝난다. 연민만 느껴서는 이 부당한 학살을 막지 못한다.

　조토는 화면을 둘로 갈랐다. 한쪽은 학살자, 한쪽은 희생자. 한편 학살을 보여주는 또하나의 도상은 혼돈이다. 다음 그림을 보자. 학살자와 희생자가 어지럽게 뒤섞인 장면이다.

거대한 힘의 소용돌이를, 페테르 파울 루벤스<sup>Peter Paul Rubens</sup>만큼 잘 그려낸 사람은 없다. 루벤스가 그린 인물들의 살집과 근육을 보면 몸무게가 꽤 나갈 것 같은데, 발끝으로 껑충껑충 뛰어다닌다. 운동이 일어나는 방향도 단순하지 않다. 오른쪽이니 왼쪽이니 한 방향으로 몰려가는 것이 아니다. 그림 앞으로 튀어나오기도 하고 그림 뒤로 쑥 빨려 들어가기도 한다. 그림의 앞과 뒤, 화폭 바깥의 공간도 작품의 일부처럼 활용하는 기술이야말로 바로크미술의 특징이다. 루벤스를 바로크의 대가로 꼽는 이유다.

이 작품은 어떤가. 왼쪽에서 그림 안으로 들어가던 힘은 중앙에서 화면 바깥으로 튀어나온다. 붉은 치마를 입은 어머니의 몸을 통해 다시 안으로 향하다가, 오른쪽 남자로 이어진다. 그림 뒤로 젖혀진 몸은 번쩍 든 아이를 앞으로 내던질 참이다. 돌기둥의 붉은 피가 참혹하다.

루벤스가 그린 「무구한 이들의 학살」은 조토의 작품과 차이가 많다. 조토가 중세의 거장이자 르네상스미술을 예고한 화가라면, 루벤스는 바로크미술의 대가다. 르네상스와 바로크, 어느 쪽이 더 우월한가? 옛날부터 논쟁거리였다. 각각 매력이 있다. 어느 쪽이 낫다고 할 수 없다는 것이 오늘날의 결론이다.

옷 주름과 인체 표현은 루벤스가 한수 위다. 조토의 솜씨가 부족해서는 아니다. 시대가 달라서 그렇다. 조토의 시대로부터 여러 세대에 걸쳐 해부학과 원근법이 발전했기 때문이다.

미술은 발전했다. 그러나 문명 또한 발전했을까. 학살은 사라지

페테르 파울 루벤스, 「무구한 이들의 학살」, 1611~12년, 온타리오 미술관.

지 않았다. 오히려 규모가 더 커졌다. 헤롯 왕이 작은 마을 베들레 헴에 칼잡이 몇명을 보내던 시대가 아니다. 학살을 펼치는 국가조 직은 몸집이 불었고 정교해졌으며 무기는 더욱 강해졌다. 손가락 하나만 까딱해도 수십만의 사람이 죽는 세상이 됐다.

## : 단 하나의 목숨이 사라진다 해도

전쟁과 학살의 참상을 알면 사람들이 나아질까? 잔인한 뉴스 때문에 우리는 오히려 무뎌졌다. 수천이 죽어도 수만이 죽어도 이 제는 숫자만 보인다. 잘못된 일이다. 하나하나가 사람이다. 이것 을 헛갈리니 숫자놀음을 '팩트 확인'이라고 오해하는 것이다. "나 치의 강제수용소에서 수백만이 죽었다고 주장하지만, 집계에 따 라서는 사망자 수가 조금 줄어들 수 있다"는 말. "4·3 희생자가, 5·18 희생자가, 좌파 주장보다는 조금 적은 것 같다"는 주장. 저 열한 물타기일 뿐이다. 움베르토 에코<sup>Umberto Eco</sup>는 지적했다. 설령 단 한 사람이 죽었더라도 강제수용소는 용서받지 못할 범죄라고. 목숨은 하나하나가 둘도 없는 존재들이다.

단 하나의 목숨이 사라져도 우리는 눈물을 흘린다. 죽은 사람 이 한 사람이라도 그 어머니는 세상이 끝나는 슬픔을 느낀다. 「피 에타」<sup>Pietà</sup>는 원래 미켈란젤로가 만든 작품 하나의 이름이 아니다. 죽은 예수를 안은 어머니 마리아의 도상을 가리켜 '피에타'라고 한다. 많은 작가들이 「피에타」를 만들었다. 물론 미켈란젤로가 젊

미켈란젤로,
「피에타」,
1498∼99년,
산피에트로 대성당.

은 시절에 만든 작품이 가장 유명하지만 말이다.

미켈란젤로는 나이 들며 몇 점의「피에타」를 더 만들었다. 그중에는 예수의 몸을 받치기 위해 여러 사람이 등장하는「론다니니 Rondanini 의 피에타」같은 걸작도 있다. 그래도 예수와 마리아, 단 2명이 나오는 이 작품이 가장 인상적이다. 감동적인 장면을 연출하기 위해 미켈란젤로는 속임수를 썼다. 워낙 그럴싸하게 잘 만들어 눈치채기 어렵지만, 잘 보면 수상한 점이 보인다.

우선 마리아가 아들 예수보다 젊어 보인다는 점이다. 기독교 교리 때문이라는 설명이 있는데, 복잡한 이야기는 생략하자.

예수와 마리아의 몸집도 수상하다. 예수는 건장한 성인 남성인데, 어떻게 어머니 무릎에 쏙 들어갈까? 그러고 보니 예수가 좀 작고 마리아가 좀 크다. 비슷한 상황을 그린 다른 작가의 작품을 보면, 예수의 머리 부분이 어머니 무릎 밖으로 삐죽 튀어나온다. 예수의 머리가 볼썽사납게 뒤로 젖혀지거나, 다른 사람이 마리아 곁에 서서 예수의 머리를 손으로 받쳐주는 경우가 많다. 그러다 보니 그림에 너무 많은 사람이 등장한다. 야심만만한 청년 시절, 미켈란젤로는 색다른 작품을 선보이고 싶었다. 아들 하나와 어머니 하나만 사람들에게 보여주기로 했다. 한 사람의 죽음으로 세상이 끝나버린 어머니의 슬픔을 알리고 싶었다. 예수를 줄이고 마리아를 키웠다. 그 효과는 놀라운 것이었다.

판화를 주로 하던 케테 콜비츠도「피에타」를 조각으로 만들었다. 그의 아들 페터 Peter 가 1차대전에서 전사했다. 케테 콜비츠는 그 고통을 지울 수 없었다. 죽은 아들을 꼬옥 끌어안고 비통에 잠긴 어머니의 모습을 조각했다. 베를린 시내 한복판에 케테 콜비츠의 「피에타」만 전시한 건물이 있다. 이 작품이 마뜩잖다는 반응도 있었다고 한다. 전쟁에서 많은 사람이 죽었는데 어째서 한낱 개인의 슬픔만 보여주느냐며 트집을 잡았다나. 글쎄, 무엇이 더 필요할까. 그 슬픔이면 충분하지 않은가.

얼마 전 한겨레 고경태 기자의 아카이브 전시회 '한 마을 이야기 ― 퐁니·퐁넛'을 보러 갔다. 퐁니Phong Nhị·퐁넛Phong Nhất은 베트남의 시골마을이다. 베트남 전쟁 당시 이곳에서 한국군이 베트남 민간인을 학살했다. 이 사건을 오랫동안 취재한 고경태 기자가 그 자료를 모아 아카이브 전시를 열었다. 살아남은 사람의 옛날 사진과 지금 사진, 그리고 그들의 학살당한 가족의 사진이 벽에 걸려 있었다.

옛날 사진관식 흑백사진 1장, 나는 눈을 뗄 수 없었다. 벌거벗은 돌쟁이 아이가 엎드린 모습이었다. 똘망똘망한 눈동자, 불룩한 볼 때문에 입술이 튀어나온 귀여운 입매. "귀엽네요. 우리 아이가 딱 이 나이라서 눈이 가요." 고기자는 멋쩍은 표정으로 답했다. "저 아이가 조금 자라자마자 한국군이 찾아와 마을 사람들을 학살했어요. 아이 입에 총을 물리고 쐈나봐요. 얼굴 아래쪽이 남아 있지 않았대요."

과거의 학살에 맞서는 강력한 무기는 현재의 기억이다. 학살을 기억하기 위해 예술은 무슨 힘을 보탤 수 있을까. 김서경·김운경 작가의 「베트남 피에타」를 보자. 두 조각가는 위안부 문제를 잊지 않기 위해 「평화의 소녀상」을 만든 적이 있다. 그 동생뻘 되는 작품이 「베트남 피에타」다. 절제된 표현 속에 슬픔이 우러나는 작품. 같은 작품을 여럿 만들어 한국과 베트남에 세울 예정이다. 4·3학살이 있던 제주에도 세운다고 한다.

김서경·김운성,
「베트남 피에타」,
2016년.

## : 죽는 자와 죽이는 자

오른쪽에는 죽이는 자, 왼쪽에는 죽을 자, 그리고 아래에는 이미 죽은 자. 프란시스코 고야Francisco Goya의 걸작 「5월 3일의 학살」을 보자. 제노사이드genocide를 다루는 근대와 현대의 미술작품은 고야의 본을 따른 경우가 많다.

배경 설명이 필요한 작품이다. 에스파냐의 궁정화가가 된 고야는 지식인 대접도 받고 싶었다. 그런데 당시 에스파냐 왕실은 '막장'이어서 지식인들이 왕실이라면 치를 떨며 질색했다. 고야는 처신하기 난처했다. 양다리를 걸쳤다. 왕실 초상화를 그리며 지식인 친구들과도 어울렸다.

이 시기 고야가 그린 왕실 초상화가 사실은 풍자화였다는 의견도 있다. 그림 속 왕실 사람이 어딘지 우스꽝스럽게 보인다는 것이다. 고야를 단순한 기회주의자라고 보는 의견도 있다. 아무려나 고야가 궁정화가 자리에서 쫓겨나지 않은 걸 보면, 당시 사람들은 이 문제에 별 관심이 없었을지도 모른다.

그러다가 세상이 뒤집혔다. 프랑스혁명이 일어나 왕을 죽이자, 에스파냐 지식인들도 덩달아 들떴다. 나폴레옹이 전쟁하고 다닐 때도 반겼다. 옛날 임금을 몰아내고 민주정부를 세워주겠다는 명분이 있기 때문이다. 그런데 에스파냐를 정복하자마자 프랑스는 본색을 드러냈다. 해방자라던 나폴레옹은 흔해빠진 침략자였다. 분노한 에스파냐 사람들이 들고일어났다. 유혈사태가 벌어졌다.

프란시스코 고야, 「5월 3일의 학살」, 1814년, 프라도 미술관.

이 일을 그린 작품이 「5월 2일의 봉기」다. 프랑스 점령군은 강력한 수단을 썼다. 봉기에 가담한 혐의가 있는 에스파냐 사람들을 함부로 잡아다 총살한 것이다. 끔찍한 학살이었다. 걸작 「5월 3일의 학살」이 태어난 슬픈 배경이다.

오늘날 저항미술에 영향을 준 작품이지만 속사정은 복잡하다. 고야가 학살에 분노한 것은 사실이며 프랑스군의 만행을 평소 스케치로 기록한 것 역시 사실이다. 그러나 나폴레옹의 형이 에스파냐 왕이 된 다음에도, 프랑스군이 쫓겨난 다음에도 고야는 궁정화가였다. 이 작품 역시 프랑스가 물러난 지 10여 년이 지난 다음에나 그렸다. 정부 지원금까지 받아가며. 그런데 그때 에스파냐정부는 나폴레옹이 쳐들어오기 전보다 더 막장이었다. 이런 점을 생각하면 저항미술로 보기는 어려울지도 모르겠다. 하지만 그렇다고 이 작품에 담긴 분노가 폄하될 일은 아니다. 고야는 기회주의자로 살다 간 화가일지도 모르지만, 그의 작품은 '무구한 이들의 학살'에 대한 생생한 고발로 남았으니까.

에스파냐정부로부터 제작비를 받았건 안 받았건, 학살에 대한 고야의 분노만은 진심이었던 것 같다. 고야는 『전쟁의 참화』라는 판화집에 큰 공을 들였다. 프랑스군이 저지른 만행을 목격하고 그때그때 정리해두었다가 판화로 작업했다. 스케치를 남기는 것조차 위험을 무릅쓰는 일이었으리라. 민간인을 학살하는 군대는 말이 통하지 않는 상대이기 때문이다. 프랑스군이 저지른 일은 끔찍했다. 저항하지 못하는 사람을 죽이고, 시신의 옷을 벗기고, 시신의 사지를 절단하고, 도막 난 몸통을 나뭇가지에 꽂아 전시했다. 너무 잔인한 그림이 많아 여기서 보여드리지 못하는 점이 아쉽다.

어찌 됐건 「5월 3일의 학살」은 저항미술이 즐겨 이용하는 도상이 됐다. 훗날 에두아르 마네는 당시의 프랑스정부를 비판하며 이 도상을 사용했다. 「막시밀리안Maximilian 황제의 처형」. 왼쪽에 죽는 사람, 오른쪽에 죽이는 사람. 사형집행인 가운데 딴청을 피우듯 관객을 향해 돌아선 사람은 프랑스황제 나폴레옹 3세다. 마네는 이 작품을 통해 막시밀리안의 죽음은 나폴레옹 3세의 책임이라고 주장하는 것이다.

피카소Pablo Picasso도 그림을 쩍 갈라 희생자와 학살자를 배치했다. 피카소의 대작 「한국에서의 학살」. 배경이 한국전쟁이다. 한복을 입은 듯한 아이도 보인다. 죽는 사람은 한국의 민간인, 그럼 죽이는 사람은 누구일까? 내가 생각하는 답이 있지만, 강요하지 않겠다. 사실 누가 죽였건 마찬가지 아닌가. 민간인을 죽이는 군대는, 이미 역사의 법정에서 범죄자다. 민간인에게 총질한 쪽이 미군이건, 한국군이건, 북한군이건, 하지 말아야 할 일을 저지른 것이다.

내가 전해들은 기묘한 이야기가 있다. 지금은 돌아가신 어느 역사학자가 한국전쟁에 대한 구술 자료를 수집했다. 어느 마을에 갔을 때의 일이다. 노인들이 '북한 인민군이 이 마을에서 학살을 저질렀다'며 꽤나 상세한 증언을 들려주었다는 것이다. 그런데 듣다

파블로 피카소, 「한국에서의 학살」, 1951년, 피카소 미술관.

보니 어딘가 이상하더란다. 마을의 위치가 인민군이 학살을 저지를 만한 곳이 아니었다. 돌아와 자료를 찾아보니, 그 마을에는 인민군이 들어간 적이 없었단다. 기록에 따르면 그 마을에 들어온 군대는 미군이었다고. 살아남은 마을 사람들이 엄청난 두려움 속에서 결국 기억까지 조작했던 걸까. 그들이 느꼈을 압박감을 생각하면, 누가 그들에게 손가락질할 수 있을까. "때린 놈은 다리를 못 뻗고 자도 맞은 놈은 다리를 뻗고 잔다"는 속담은 틀렸다. 폭력의 생존자가 그 상처에서 벗어나기란 쉽지 않다. 제노사이드는 인간의 존엄성을 거스르는 최악의 범죄다.

## 08

사슬에
묶이지 않을
권리

## : 사슬에 묶인 혁명가의 자화상

생생하다. 대단한 그림 솜씨다. 두꺼운 물감 자국이 보이면서도 살아 있는 물고기 같다. 물고기 종류는 송어. 입에 피거품을 물었다. 물 밖으로 끌려나왔다. 우리한테는 넓은 세상이지만 물고기는 답답하게 갇힌 셈이다. 송어는 물속이라야 자유롭게 헤엄치기 때문이다.

그런데 이 작품이 일종의 자화상이라는 설이 있다. 어떻게 물고기 그림이 자화상이람? 작가 얼굴이 생선처럼 생기기라도 했다는 말인가? (「스타워즈」의 아크바 제독?)

프랑스 화가 귀스타브 쿠르베Gustave Courbet의 걸작이다. 물감을 두껍게 올렸다. 그림을 잘 보면 물감 자국, 붓 자국이 생생하다. 칠

귀스타브 쿠르베,
「송어」,
1871년,
취리히 미술관.

이 두꺼우니 색도 흐리멍덩하지 않고 선명하다. 그러면서도 대상을 충실히 묘사했다. 사실적이다. 미술사에서 쿠르베의 그림은 리얼리즘realism, 즉 사실주의로 분류한다.

속지 말자. 그림이 대상을 닮았다고 무조건 리얼리즘이라고 부르지는 않는다. 그렇게 따지면 미술사 수천년의 작품 대부분이 사실주의로 묶여야 한다. 좁은 뜻으로 사실주의라는 말은, 사회 비판적인 작품이라는 의미다. 사회의 그늘, 비참한 현실, 외면하고 싶은 모순 등을 있는 그대로, 사실적으로 보여준다는 뜻을 담고 있다.

쿠르베가 '딱'이었다. 힘겨운 노동과 가난한 사람을 미화하지 않고 그렸다. 반골 기질 넘치는 화가. 전통을 자랑하는 살롱전을 거부하고 자기 돈 내고 화랑을 빌려 전시회를 열었다. 기득권층, 높으신 분들과 사사건건 충돌했다. 그러다 사회주의 혁명에 휘말렸고, 혁명이 실패하자 감옥에 갔고 집에 연금됐다. 인신의 자유를 잃고 갇힌 신세가 되어 이 그림을 그렸다. 쿠르베가 보기에 자유를 잃은 송어가 곧 쿠르베 자신이었을 터. 쿠르베는 그림에 라틴어로 이렇게 적어넣었다. "인 빈쿨리스."in vinculis '사슬에 묶여'라는 의미다.

한편 다음 작품 역시 자화상이다. 자화상의 주인공은 보통 우리와 눈을 마주친다. 화가가 그림을 그리는 동안에는 화가 자신과 눈을 맞췄을 것이다. 거울을 보고 그리면 그렇게 될 터이니, 이상한 점은 없다. 다만 표정이 마음에 걸린다. 영 넋이 나간 표정이다.

자크 루이 다비드,
「자화상」,
1794년,
루브르 박물관.

마음속에 큰 소용돌이가 있을 듯싶지만 표정에 격정이 드러나지
는 않는다. 갑자기 피식 웃을 것도 같고, 갑자기 눈물을 떨굴 것도
같다. 어느 쪽으로 변해도 놀랍지 않을 얼굴이다. 그렇게나 불안
정하다.

　다비드의 작품이다. 앞서 살펴보았듯 다비드는 신고전주의 양
식의 대가였다. 그런데 신고전주의는 차분하고 절제된 아름다움
을 추구하지 않던가? 이 정도 표정이면, 격정이 드러나지는 않았
다고 해도 신고전주의치고는 감정이 넘쳐나는 셈이다. 어떤 감정
일까? 미래에 대한 불안감일 터다. 당시 상황을 알아보자.

때는 바야흐로 프랑스혁명 시기, 다비드는 투철한 혁명 전사였다. 쿠르베보다 100년은 앞선 선배라서, 사회주의 혁명가라고 보기는 힘들다. 그렇다고 온건한 사람도 아니었다. 당시로서는 가장 과격한 자코뱅Jacobin 무리에 속했다. 루이 16세의 목을 치자고 사람들을 선동한 사람도 다비드였다. 혁명을 위한 선전 그림을 그렸다. 그러다가 자코뱅이 몰락하며 다비드도 감옥에 갔다.

열광이 사라진 자리를 회한이 채웠다. 거울 속 자신을 보면 민망했다. 나는 옳은 일을 한 걸까. 앞으로 나는 어떻게 될까. 루이 16세처럼 나도 죽으려나. 불안해 보인다. 그렇다고 다비드를 불쌍해할 필요는 없다. 한때 자코뱅 당원이던 어느 군인이 권력을 잡고 황제가 되는 바람에, 다비드는 황제 전속 화가가 되어 다시 영광을 누리게 될 운명이었다. 그 군인이 바로 나폴레옹이다.


## : 결박된 프로메테우스

가고 싶은 곳에 갈 자유. 마음대로 돌아다닐 자유. 앉고 싶을 때 앉고 눕고 싶을 때 누울 자유. 인신의 자유는 가장 오래된 기본권이다. 당연하다. 동물도 묶인 처지를 싫어하지 않나. (쿠르베의 그림처럼) 낚시에 걸린 물고기나 우리에 갇힌 맹수를 보면 딱한 기분이 든다. 훨훨 나는 새를 보면 그 자유가 부럽기도 하다. 자연스러운 감정이다.

자기결정권이라는 관점에서 보면 어떤가. 꽁꽁 묶인 채 자기 몸

하나 마음대로 건사하지 못하는 상황이라면? 자기결정권이 침해 당한 것이다. 부당한 구속이 심각한 인권침해인 까닭이다.

다음 그림을 보자. 오른쪽 인물은 자기 뜻대로는 아무것도 할 수 없다. 새가 가슴을 쪼아 피가 뚝뚝 떨어지는데도, 그 새를 쫓을 수조차 없다. 손도 발도 꽁꽁 묶였기 때문이다. 무섭고 딱한 상황 인데, 표정은 평온해 보여 약간 어색하다.

눈썰미 좋은 독자는 이미 알아차렸을 터. 그렇다, 프로메테우스 Prometheus 신화를 그린 고대 그리스 그림이다. (왼쪽은 하늘을 짊어진 아틀라스Atlas.) 프로메테우스는 제우스의 미움을 사서 사슬에 묶인 채 독수리한테 간을 쪼아 먹히는 형벌을 받았다. 그다음 날이면 다 시 간이 돋아나 그 고통을 반복해야 한다고. 무시무시한 이야기다.

옛날 그리스 사람들은 이런 신화 이야기를 그릇에 그렸다. 알아 보기 쉽도록 고대 이집트 벽화처럼 정면성의 원리에 따랐다. 이집 트 그림 속 인물은 으레 표정이 똑같다. 옛날 이집트 사람들은 그 때그때 변화하는 모습이 아닌 영원불멸하는 본질을 추구했기 때 문이라고들 설명한다. 표정만으로는 별일 아닌 것처럼 보이지만, 사실은 아주 끔찍한 상황인 것이다. 괴로워 소리를 지르고 있을지 도 모른다. 이제 우리가 살펴볼 그림처럼 말이다.

묶여 있는 남자, 가슴을 쪼는 독수리. 그렇다, 이 역시 '결박된 프로메테우스'의 도상이다. 프로메테우스는 어쩌다 인신의 자유 를 잃었을까? 제우스한테 미움을 산 까닭은 무엇일까? 신화마다 설명이 조금씩 다르지만, 인간 편을 들다가 미운털 박혔다는 것이

작자 미상,
「프로메테우스와 아틀라스」,
기원전 560~550년,
바티칸 박물관.

정설이다. 진흙으로 인간을 빚고, 제우스가 아끼던 아이템인 불을 훔쳐다가 인간에게 주고, 인간을 위해 제우스한테 사기를 치고, 기타 등등. 인간인 우리야 고맙지만, 제우스는 약이 단단히 올랐을 터이다.

비극시인 아이스킬로스Aeschylus가 지은 「결박된 프로메테우스」를 보면, 프로메테우스가 묶인 이유가 하나 더 추가된다. 어쩌면 가장 큰 이유일지 모른다. 티탄Titan, 거신족인 프로메테우스는 미래를 내다봤다. 이름부터가 '앞서 보는 자'라는 뜻이 아닌가. 그래서 '제우스가 이러이러한 일을 하면 신들의 왕 자리에서 쫓겨날 것'이라는 사실을 알았다. 국가기밀 정도가 아니라 우주의 비밀을 혼자 알았던 셈이다. 제우스는 당연히 미래를 알려달라 했으나 프로메테우스는 입을 다물었다. 사슬로 묶어놓고 독수리로 고문하는

페테르 파울 루벤스, 「결박된 프로메테우스」, 1611~12년(1618년 완성), 필라델피아 미술관.

제우스와 제우스의 부당한 폭력에 침묵으로 맞서는 프로메테우스. 낯설지 않은 광경이다.

앞서 본 그리스 도기 그림과 비교하면 어떤가. 같은 주제라는 사실이 믿기지 않을 정도다. 불끈불끈 넘치는 힘. 독수리에 물어뜯기는 모습이 더 아파 보인다. 핏방울을 굳이 그리지 않아도 말이다.

바로크의 대가 페테르 파울 루벤스의 작품이다. 뒤틀린 몸, 화면을 쪼개는 대각선 구도, 강렬하고 힘이 넘치는 것이 바로크미술다운 특징이다. 루벤스가 그린 프로메테우스는 묶인 채 힘차게 싸우고 있다. 제우스라는 우주의 질서에 맞선, 투사 프로메테우스.


## : 인신의 자유는 사상의 자유

또다른 프로메테우스 도상을 보자. 느낌이 사뭇 다르다. 독수리가 간을 뜯어먹건 말건, 눈길은 저 멀리 향해 있다. 다른 세계를 보는 것 같다. 현실의 일에 매달리지 않는다. 의연하다 못해 무심해 보일 정도다. 하지만 얼마나 아프겠는가.

이번에는 귀스타브 모로Gustave Moreau가 그린 「프로메테우스」다. 모로는 상징주의를 대표하는 화가다. 한마디로 요약하기 어렵지만 상징주의란 합리적인 언어로 설명하기 쉽지 않은 세계를 미술로 드러내 보이겠다는 사조다. 말로 못 옮길 것을 그림으로 그린다는데, 그것을 어떻게 다시 말로 옮길까. 이를테면 이 그림에는

귀스타브 모로, 「프로메테우스」, 1868년, 귀스타브 모로 미술관.

독수리가 한마리가 아닌데, 원래 신화와는 다르다. 작가 모로는 여기에 어떤 의미를 숨겼을까? 알 것도 같고 모를 것도 같은데, 말로 콕 집어 표현하기가 쉽지 않다. 모로가 '저 너머의 세계'를 보여주고자 했다는 것 정도만 짚고 넘어가자.

루벤스의 작품과 비교해보자. 루벤스의 프로메테우스가 근육질의 육신을 가졌다면, 모로의 프로메테우스는 고매한 정신이 돋보인다. 루벤스의 티탄은 이를 악물고 제우스의 폭압에 맞서 싸우는 반면, 모로의 영웅은 세상일을 뛰어넘어 저 너머의 세계를 바라본다. 이상과 신념으로 가득한 프로메테우스다.

아이스킬로스가 쓴 「결박된 프로메테우스」는 정치색 있는 작품이다. 혁명가 카를 맑스Karl Marx가 좋아했다는 이야기도 있다. 작품 속 프로메테우스는 독재정권에 맞서다 감옥에 갇히고 고문을 당하지만, 독재자가 원하는 정보를 끝내 발설하지 않는 사상범의 모습 그대로다. 인신의 자유는 사상의 자유, 양심의 자유와 직결되어 있다. 자기 양심대로 처신하겠다는 이를 감옥에 가두는 일은 심각한 인권탄압이다.


## : 갇히지 않을 권리, 영웅이 아니어도

잊지 말아야 할 것이 있다. 인신의 자유는 인간의 기본권이라는 점 말이다. 프로메테우스처럼 대단한 영웅만 갇히지 말아야 하나? 위대한 사상가나 민주투사가 아닌 그저 평범한 인간도 인신의 자유를 누려야 한다. 아니, 이른바 평균 이하라 불리는 처지에 놓인 사람도 마찬가지다.

영웅은커녕 범죄자라도, 또는 어떤 다른 이유로 갇힌 사람이라도, 인신의 자유를 최대한 누리는 것이 원칙이다. 여론의 뭇매를 맞을 끔찍한 사건의 용의자라 하더라도 불구속 상태로 수사받을 수 있어야 하며, 정해진 형량만 채우면 감옥에서 내보내야 하고, 전자발찌를 채우더라도 어느 정도는 돌아다니게 해줘야 한다. 어떤 분들에게는 거북할지 모른다. 재범의 가능성이 높은 강력범이라도 우리 주위를 돌아다닐 수 있어야 인권이 보장되는 사회라는 사실, 받아들이지 못할 분들이 많을 것이다. 그러나 자기결정권이라는 관점으로 보면, 그것이 원칙이다. 우리 마음이 아무리 불편해도 말이다.

적지 않은 사람이 인정하기 싫어하는 원칙이다. 반박하는 소리가 내 귓전에 울리는 것 같다. "전체 사회를 위해 어떤 이들의 인권은 제한해야 한다"거나 "피해자의 인권을 우선해야 한다"거나 하는 성난 목소리 말이다. 하지만 어쩔 수 없다. '천부인권'이라는 말이 있다. 인권은 하늘이 부여했다는 뜻이다. '인권은 동등하고 양도할 수 없다'고도 한다. 요컨대 자의적으로 이 사람 인권이 저 사람 인권보다 소중하다 아니다 값을 매길 수 없다는 이야기다.

그림은 감옥의 풍경. 사방이 높은 벽으로 가로막혔다. 후줄근한 옷을 맞춰 입은 남자들이 빙글빙글 맴돈다. 오른쪽 구석에 감시자가 있다. 재소자들한테 억지로나마 산책을 시키는 장면이다.

빈센트 반 고흐, 「재소자들의 산책」,
1890년, 푸시킨 미술관.

귀스타브 도레Gustave Doré가 영국 뉴게이트Newgate 형무소를 묘사한 판화를 보고, 빈센트 반 고흐Vincent van Gogh가 유화로 다시 그렸다. 그림을 조금씩 바꾸었다. 울긋불긋한 색도 넣었고, 짧고 굵은 붓질로 힘도 줬다. 반 고흐는 자기 얼굴도 그려넣었다. 그림 한가운데에서 우리를 향해 눈길을 던지는 사람이다. 형무소의 죄수와 자신을 동일시한 것이다. 반 고흐는 생레미Saint-Rémy의 정신병원에 갇혀 있는 동안 이 그림을 그렸다고 한다. 도레의 판화를 보며 자기 신세라고 생각했을 터이다.

자기와 다른 사람을 '평균 이하'라 부르며 애써 무시하고 싶을 때가 있다. "저 사람은 범죄자야! 저 사람은 정신이 온전치 못한 사람이야! 왜 우리와 같은 권리를 누려야 하지?"라는 말을 자주 듣는다. 나도 가끔씩 이런 말을 내뱉고 싶을 때가 있다. 그러나 그들 역시 인신의 자유를 누릴 권리가 있다. 저 위대한 프로메테우스만큼이나 말이다.


## : 수용소에 갇힌 사람은 우리다

남자의 퀭한 눈이 우리를 바라본다. 심지어 손가락으로 자기 자신을 가리킨다. 자화상일 가능성이 높다. 그림의 다른 부분은 수수께끼 같다. 왼손에는 신분증, 옷깃에는 노란 별. 높은 벽에 둘러싸였다. 이 남자는 갇혀 있나보다.

설명이 필요하다. 신분증과 노란 별은 이 사람이 유대인이라는

펠릭스 누스바움, 「노란 별을 단 자화상」,
1943년, 펠릭스 누스바움 박물관.

뜻이다. 나치가 유럽을 점령한 다음 유대인들을 이런 식으로 괴롭혔다. 육각별을 달고 신분증을 지참하라고 강요했으며 좁은 땅에 몰아넣고 높은 담을 둘러 격리했다. 악명 높은 '게토'ghetto다. 담장 밖 나무는 가지가 모두 잘려 죽어버린 것 같다. 먹구름이 하늘을 덮었다. 불안한 미래를 상징하는 것일까?

펠릭스 누스바움Felix Nussbaum의「노란 별을 단 자화상」이다. 나치가 유럽을 돌아다니며 유대인들을 게토에 잡아 가두고 차근차근 죽음의 수용소로 보내는 동안, 누스바움과 그의 아내는 벨기에의 은신처에 숨어 지냈다. 이 자화상은 그 무렵 그린 그림이다.

이 그림에는 함정이 있다. 누스바움은 사실 게토에 산 적이 없다. 다락방과 지하실에 숨어 살았다. 작가 로라 커밍Laura Cumming 은 『화가의 얼굴, 자화상』김진실 옮김, 아트북스 2012 에서 지적한다. "누스바움은 지하에 숨어 살았기 때문에 노란 별을 단 적 없다." 이 무렵 그린 또하나의 자화상에서, 누스바움은 자기 자신을 수용소에 갇힌 모습으로 그렸다. 누스바움 부부는 훗날 아우슈비츠Auschwitz 수용소에서 목숨을 잃지만, 그림을 그릴 때는 수용소 밖에 있었다.

누스바움은 왜 노란 별을 단 모습으로 스스로를 그렸는가? 부모 형제가 게토와 수용소에 갇힌 세상에서, 자기 역시 자유롭지 못하다고 느낀 것 같다. 혁명전사가 아니어도, 신에 맞선 영웅이 아니어도, 인간은 부당하게 갇히지 않을 권리가 있다. 사람을 마구잡이로 잡아 가두는 세상에 산다면, 비록 지금 당장 갇혀 있지 않을지라도 우리 역시 자유인은 아닌 것이다.

## 09

내 마음대로
표현할 자유를
달라

## : 모두가 동의하는 연설이 있을까

인권이라는 주제로 글을 쓰겠다고 하면, 많은 분들이 '착한 이야기'를 기대한다. 그런데 어쩌나. 나는 착한 얘기는 하고 싶지 않다. 착한 사람도 질색이다. 이 세상이 조금이라도 나아지려면 우리가 더 까칠해져야 한다는 것이 나의 생각이다.

이 그림도 마뜩잖다. 행색이 초라한 사내가 바짝 긴장한 채 더듬더듬 말한다. 그래도 주위 사람들이 열심히 그의 말에 귀 기울인다. "어디서 너처럼 평범한 자가 입을 여느냐"고 면박을 주기는커녕 말이다. 그리기도 잘 그렸지만, 보노라면 마음이 따뜻해지는 '착한' 그림이다. 바로 그 점이 마음에 안 든다.

제목은 「연설의 자유」. 미국 화가 노먼 록웰Norman Rockwell 의 작

노먼 록웰, 「연설의 자유」, 1943년, 노먼 록웰 박물관.

품이다. 20세기 화가지만 옛날 그림처럼 사실적으로 그렸다. 이렇게 잘 그린 그림이 주간지 표지였다니, 믿기지 않는다. '네가지 자유' 연작 중 첫번째 작품이다. 미국 대통령 프랭클린 루스벨트는 1941년 연설에서 인권의 주요 개념을 네가지 자유로 정리했다. 그 첫번째가 표현의 자유. 록웰은 그 연설을 그림으로 옮겼다. 인권과 미술에 대해 글을 쓰는 처지에, 내가 반드시 좋아해야 할 작품일지도 모르겠다.

그래도 좀처럼 마음이 가지 않는다. 그림 속 남자는 무슨 연설을 할까? 사람들이 들고 있는 유인물을 보면 마을회관 집회인 것 같은데. 마을 자랑? 나라 자랑? 모를 일이다. 한가지 확실한 사실은, 연설 내용 때문에 불편한 사람은 없어 보인다는 점이다.

저 마을 사람들은 모두 같은 생각일까? 의견이 다른 사람은 저 마을에 살 수 없나? 누구나 같은 의견을 가지고 있는데 어째서 표현의 자유가 필요하다는 걸까?


## : 우리 예술가들은 원래 제멋대로입니다

표현의 자유란 의견이 다른 사람들끼리 뜨겁게 말싸움할 권리다. 그런데 대부분의 경우 의견이 다른 사람이 마음대로 떠들도록 내버려두지 않는다. 힘을 앞세워 찍어누르는 것이 보통. 말 나온 김에 '표현의 자유 잔혹사'를 살펴보자.

흥성흥성하다. 색색으로 옷을 빼입었다. 부잣집 잔치일까? 음식을 나르는 하인도, 창을 들고 경비를 선 용병도, 구석구석 돌아다니는 광대도, 왁자지껄 소란스럽다. 중앙에 상을 받은 손님들만 점잖다. 한가운데 청년의 이야기에 집중했다. 그리고 보니 이 청년, 머리 둘레에 보일락 말락 노란 후광을 둘렀다.

파올로 베로네세Paolo Veronese의 작품이다. 베네치아 르네상스의 걸작인데, 같은 이탈리아라도 피렌체 르네상스와는 딴판이다. 색상이 번쩍번쩍 화려하다. 베로네세의 작품이 특히 그렇다. 그림이

지나치게 고운 탓에, 예쁜 그림을 반기지 않는 오늘날 평가는 박하지만 당시에는 제일 잘나가던 화가였다.

그림 가운데 청년은 예수가 맞다. 원래 제목은 '최후의 만찬'이었는데 완성 후에 제목이 「레위Levi의 향연」이 되었다. 신약성서에 나오는 이야기. 레위라는 사람이 연 잔치에 예수가 초대받았다. 레위는 평판이 나쁜 세리税吏였고 그 친구들도 죄인이라 손가락질

받던 터다. 왜 죄인들과 어울리느냐며 점잖은 사람들이 트집을 잡
자, 예수는 "의사가 필요한 사람은 건강한 사람이 아니라 병자다.
마찬가지로 의인이 아니라 죄인이 나를 필요로 한다"고 대답했
다. 요컨대 '레위의 향연'이란 예수가 죄 많은 사람들과 먹고 마신
이야기다.

신기한 일이 있다. 이 그림 때문에 베로네세는 종교재판의 법정

에 섰다. 제목을 '최후의 만찬' 대신 '레위의 향연'으로 바꾼 것도 그 때문이라고 한다. 어찌된 사연일까.

베로네세가 1573년에 받은 심문이 기록으로 남아 있다. 꼬치꼬치 캐묻는 이단심문관. "그림 속 코피를 흘리는 남자의 의미는 무엇이냐?" "게르만 사람 복장을 하고 무기를 든 남자들의 의미는?" "광대 복장을 하고 앵무새를 든 사람은 왜 그렸나?" 시시콜콜하기도 했다.

당시 상황이 민감하기는 했다. 유럽에서 가톨릭 세력과 개신교 세력이 갈등하던 시절이었으니까. 1527년 독일이 개신교 용병을 데리고 로마에 쳐들어와 싹 쓸어버린 사건이 있었다. 이때 라파엘로가 그린 교황청 벽화에, 독일 병사가 칼로 '루터'Luther 라는 글자를 새기기도 했다. 가톨릭 쪽에는 끔찍한 기억이었다. '게르만 사람 복장을 하고 무기를 든' 용병 그림을 '이적표현'으로 의심할 만하나.

아무리 그래도 이상할 정도로 쩨쩨하다. 종교재판 기록을 읽어봐도 문제가 뭔지 확실하지가 않다. 어쩌면 이 두루뭉술한 상황을 노렸을지도 모르겠다. 이렇게 기준이 애매해야 '이런 표현이 걸릴까 안 걸릴까' 지레 알아서들 걱정할 테니까. 화가들 머릿속에 종교재판소 분점을 하나씩 설치한 셈이다. '시범케이스'로 유명 작가를 혼내주고 모두에게 '자기검열'을 강요하는 것. 표현의 자유를 위축시키는 닳고 닳은 방법이다. 오늘날에도 자주 보는 방법이고.

종교재판소는 그림을 새로 그릴 것을 요구했지만 베로네세가 그렇게는 못하겠다고 버텨서, 결국 '최후의 만찬' 대신 '레위의 향연'으로 제목을 바꿔 다는 선에서 합의를 본다.

쓸쓸한 사건이었다. 그래도 나는 이때 베로네세가 했다는 변명이 마음에 든다. "우리 예술가들은 원래 제멋대로입니다." 나도 그렇다.


## : 오노레 도미에의 수난 1

오노레 도미에Honoré Daumier는 표현의 자유, 그 권리의 역사에서 빼놓을 수 없는 사람이다.

19세기 프랑스에서는 혁명이 자주 일어났다. 1830년에 일어난 혁명으로 루이 필리프Louis Philippe가 새 왕이 되었다. 시민에게 보답하는 의미였을까. 그해 말, 정부는 표현의 자유를 약속했다. '정말 이제부터 표현의 자유가 보장된 것일까? 시험해보면 알 수 있겠지!' 간이 배 밖으로 나온 용감한 사람들은 생각했다. 예술가들이 총대를 멨다. 앞장선 사람이 판화가 오노레 도미에다.

임금님이 표현의 자유를 약속한 지 열흘 후, 도미에는 처음으로 정권을 비판했다. 임금님은 꾹 참고 반응하지 않았다. 1831년 11월, 도미에는 샤를 필리퐁Charles Philipon이 발행하는 잡지 『라 카리카튀르』La Caricature에 왕 루이 필리프의 얼굴을 우스꽝스럽게 서양배로 바꾸어놓은 그림을 발표했다. (애니메이션 효과를 일찌감치 선보였다고 하여 만화의 역사에서도 중요한 그림이다.) 지금 봐도 절묘하다.

# LES POIRES,

Faites à la cour d'assises de Paris par le directeur de la CARICATURE.

## Vendues pour payer les 6,000 fr. d'amende du journal le *Charivari.*

(CHEZ AUBERT, GALERIE VÉRO-DODAT)

Si, pour reconnaître le monarque dans une caricature, vous n'attendez pas qu'il soit désigné autrement que par la ressemblance, vous tomberez dans l'absurde. Voyez ces croquis informes, auxquels j'aurais peut-être dû borner ma défense :

Ce croquis ressemble à Louis-Philippe, vous condamnerez donc ?

Alors il faudra condamner celui-ci, qui ressemble au premier.

Puis condamner cet autre, qui ressemble au second.

Et enfin, si vous êtes conséquens, vous ne sauriez absoudre cette poire, qui ressemble aux croquis précédens.

Ainsi, pour une poire, pour une brioche, et pour toutes les têtes grotesques dans lesquelles le hasard ou la malice aura placé cette triste ressemblance, vous pourrez infliger à l'auteur cinq ans de prison et cinq mille francs d'amende!!
Avouez, Messieurs, que c'est là une singulière liberté de la presse!!

오노레 도미에,
「서양 배」,
「라 카리카튀르」 56호,
1831년, 파리.

당시 사람들은 얼마나 낄낄거리며 웃었을까. 높으신 분들은 또 얼마나 울컥했을까. 나중에는 도미에가 서양배를 그리기만 해도 사람들이 왕인 줄 알아챘다. 나라님 체면이 영 말씀이 아니었다.

그래도 별 반응이 없자, 도미에는 한 걸음 더 나아갔다. 12월 15일에 「가르강튀아」Gargantua를 발표한다. 가르강튀아는 라블레François Rabelais가 쓴 프랑스 고전소설의 주인공. 무엇이든 집어삼키는 먹성 좋은 거인이다. 도미에의 그림에서 루이 필리프는 가난한 시민들에게서 거둔 돈을 먹어치우는 괴물로 등장한다. 이번에는 정부도 참지 않았다. 판화를 찍는 원판을 파괴했고, 찍어놓은 판화도 닥치는 대로 거둬들였다. 1832년 2월, 도미에와 친구들은 체포되고 재판을 받았다. 정부가 허용하는 표현의 자유가 어디까지인지, 그 한계를 확인한 셈. 그나마 집행유예를 받아 당장 감옥에는 가지 않았다.

그런다고 몸을 사릴 도미에가 아니었다. 8월에는 「페토 임금의 궁정」이라는 판화를 제작했다. 제목도 그림도 한국에는 낯설다. 굳이 제목의 뜻을 풀자면 '오합지졸 궁정' 정도가 될까. 루이 필리프는 직접 등장하지 않지만(그림 오른쪽에 발만 살짝 나온다), 귀하신 몸들을 하나같이 조롱했다. 역린逆鱗을 제대로 건드렸다. 8월 27일, 도미에는 감옥에 들어간다. 그 안에서도 정부를 조롱하는 그림을 몇 점 그리다가 1833년 1월에 출소한다. 한편 참다못한 높으신 분들은 검열을 강화한다. 1834년 2월에는 언론출판의 자유를 제한했다. 1835년에는 풍자 그림을 그리는 일 자체가 어려워졌다. 도미에의 그림을 실어주던 매체도 폐간되었다.

나방이 불을 향해 달려들듯 권력을 향한 도전을 멈추지 않던 도미에. 사람에 따라 평가가 다를 것이다. 보기에 좋지 않다고 생각할 사람도 많을 것 같다. 결국 벌금 물고 감옥에 가고 매체도 폐간되어 더이상 풍자를 할 수 없게 되었으니까 적어도 영리해 보이지는 않는다. 그래도 루이 필리프의 정체는 드러내 보인 셈이다. 표현의 자유를 보장하겠다고 해놓고 조금만 공격받아도 발끈해서 부들거리는 임금님이라는 사실을 말이다. 풍자예술의 목적은 달성했달까.


## : 오노레 도미에의 수난 2

도미에는 미술의 역사에서 중요한 작가다. 회화와 판화만 그린 것이 아니라 입체소형노 했다. '캐리커처의 미켈란젤로'라는 평이 괜한 말이 아니다. 클레이<sup>clay</sup>로 정치인 얼굴을 빚은 작업이 눈길을 끈다. 파리의 오르세 미술관에 가면 도미에가 익살스럽게 빚어놓은 당시 프랑스 정치인들의 모습이 전시되어 있다. (존경하는 도미에와 비슷한 작업을 한다는 말이 듣고 싶어서, 나도 클레이로 얼굴 빚는 작업을 한다. 그러나 아직 아무도 알아주지 않는다.)

만화의 역사에서 도미에는 더욱 중요하다. 풍자만화, 시사만화의 창시자라 불리기 때문이다. 필화筆禍를 겪는 만화가의 원조랄까. 도미에 같은 큰 작가도 고난을 겪었으니 후대의 만화가가 표현의 자유 때문에 탄압을 받는 일은 당연하다. 한 걸음 더 나아가, 탄압을 받는 아슬아슬한 순간까지 표현의 자유를 주장하는 일이 만화가의 의무일 수도 있다. 풍자가 신랄하면 신랄할수록 풍자의 대상이 되는 양반은 기분이 나쁠 터이고, 일개 '그림쟁이'를 어떻게든 억누르고 싶을 테니까.

힘센 권력자와 대결을 펼치는 것이 오늘날의 만화가와 화가가 물려받은 전통이다. 그런데 힘센 상대와 싸우더라도 잘 싸워야 한다. 그 '조롱의 논리'가 문제를 일으킬 수도 있다. 어려운 이야기 같다고? 예를 들어 생각해보자. 식민지 시절 한국 사람이 당한 인권침해에 대해 항의하는 것은 좋다. 하지만 그렇다고 해서 일본 사람들한테 좋지 않은 일이 일어나라고 말하는 것은 안 된다. 이스라엘정부가 팔레스타인 사람들에게 저지르는 부당한 일에 대해 우리는 함께 항의해야 한다. 그렇다고 해서 유대인 학살에 대해 함부로 말한다거나, 이스라엘 사람을 싸잡아 비난해서는 안 된다.

풍자란 어려운 작업이다. (이 문제를 우리는 뒤에서 자세히 살펴볼 것이다.) 살얼음을 걷는 것 같다. 도미에는 큰 실수 없이 이 어려운 일을 어떻게 해냈을까? 참고할 만한 선배도 없는데 말이다. 도미에가 인간에 대한 사랑을 가지고 있었기 때문이라고 나는 생각한다. 도미에가 그린 「삼등객차」라는 아름다운 작품이 있다. 우선 색이 따뜻하다. 앞서 본 작품들은 흑백 위주의 석판화이고, 이 작품은 색이 많이 들어간 유화다. 붉은 기운이 도는 따뜻한 색을 주로 사용했다. 그림에서 느껴지는 도미에의 시선도 따뜻하다. 등장

오노레 도미에, 「삼등객차」, 1862∼64년경, 메트로폴리탄 미술관.

하는 인물들, 삶에 찌든 채 삼등객차를 타고 떠나는 사람들을 그는 따뜻하게 바라본다. 권력자들을 대할 때처럼 모질고 매정하지 않다. 그래서 높은 양반들이 도미에를 더 싫어했을지도 모르겠지만.

## : 히틀러가 싫어한 그림

표현의 자유 잔혹사의 정점을 찍은 사건은 1937년의 '퇴폐미술전'. 나치가 당시 주목받던 화가들의 작품을 모아 개최한 전시회다. 잘 그렸다고 칭찬하기 위해서가 아니라, '이 그림은 퇴폐미술'이라고 낙인찍고 괴롭히려던 의도였다. 공개적으로 망신을 주겠다는 거다. 아니, 망신 정도로 끝나지 않는다. '퇴폐미술'에 대한 탄압은 전시회 후에도 계속되었다. 작품은 빼앗기고 작가는 신변의 위협을 느꼈다.

조지 그로스<sup>George Grosz</sup>도 퇴폐미술가로 몰렸다. 당시 독일의 극심한 빈부격차를 그림으로 꼬집었으니까. 척 봐도 불온한 그림이다. 돈 많은 사람을 사악하게, 가난한 사람을 불쌍하게 그렸다. 그림 속 부자는 자기 배를 불리는 일에만 관심이 있다. 자기 몫을 빼앗긴 가난한 사람이 죽건 말건 말이다.

지나치게 노골적이긴 해도, 정치인과 부자들의 타락상을 묘사하는 솜씨는 그로스만한 사람이 없다. 신즉물주의의 대표적인 작가다. 추한 것을 더 추하게 그려 기분 나쁠 지경인데, 눈길을 뗄 수가 없다.

독일 사람인데도 이름을 게오르게가 아니라 '조지'라 읽는 까닭은? 나치의 괴롭힘을 이기지 못하고 망명길에 올랐기 때문이다. 독일을 떠나 미국에 자리잡았다. 좌파 빨갱이라고 찍혀 고향을 떠났는데 자본주의의 본산 미국에서 살게 되다니 얄궂다. 말년에는 미술학원 선생님이 되어 사람들에게 편안한 그림을 가르쳤다. 때때로 재미없는 풍경화를 그렸다.

그래도 말년에 그는 「카인, 지옥에 간 히틀러」라는 인상 깊은 작품을 그렸다. 구약성서에 나오는 카인은 동생 아벨을 죽인 살인자. 히틀러도 자기 형제와 같은 인간들을 수도 없이 죽였다. 목숨을 잃은 이름 없는 사람들이 지옥의 히틀러를 향해 우르르 몰려드는 섬뜩한 작품이다.

가난한 시인의 초상화와 전쟁에 반대하는 그림을 그렸던 오토 딕스, 그 역시 '퇴폐미술가'로 찍혔다. 앞서 살펴본 작품 「상이군인들」을 나치는 특히 싫어했다. 그림을 빼앗아가서 '퇴폐미술'이라며 조리돌리더니 그예 돌려주지 않았다. 그래서 흑백사진으로만 남아 있다. 속상한 노릇이다.

다음은 딕스의 대표작 「전쟁 제단화祭壇畵」의 가운데 패널이다. 폭발에 날아가 허공에 걸린 시신. "이 사람을 보라." 그의 손가락이 가리키는 곳에는 온몸에 총알구멍이 난 채 전사한 시신이 있다. 기독교 제단화의 전통과 비슷하면서 또 다르다. 전통적인 제단화의 십자가 처형 장면은 어떤가. "이 사람을 보라." 땅에 선 세례 요한은 손가락을 뻗어 허공에 걸린 예수의 시신을 가리킨다.

오토 딕스, 「전쟁 제단화」의 가운데 패널,
1929~32년, 노이에 마이스터 미술관.

위와 아래가 바뀐 셈이다. 내용도 다르다. 요한과 예수처럼 대단한 예언자가 아니라 그저 참호에 있다가 죽어간 특별할 것 없는 젊은이들. 그러나 정말 특별할 것 없는 죽음인가? 평범한 전사자를 거룩한 예언자와 다르면서도 같게 그렸다. 우리더러 한번 더 생각해보라고 말이다.

정작 딕스 본인은 자기가 보고 들은 대로 그렸다고 한다. 그래서 그림이 더욱 생생한 것 같다. 딕스의 「전쟁 제단화」를 보고도 전쟁에 찬성하는 얼간이가 있을까? 그래서 전쟁광 나치는 '국민의 사기를 꺾는 자'라며 딕스를 괴롭혔다.

얄궂은 사실이 있다. 수많은 퇴폐미술가들이 망명했으나, 딕스는 독일을 떠나지 않았다. 그러다가 2차대전에 휘말렸고 전쟁 막바지에 '국민돌격대'로 징집된다. 나이 쉰살 때의 일. 예비군인데 실전에 투입되었다. 프랑스군에 포로로 잡혀 수용소까지 가야 했다. 1차대전과 2차대전 모두 전쟁터에서 겪다니, 반전을 외치고 평화를 꿈꾸던 화가에게는 너무 가혹하다.

나치가 전쟁에 반대하고 사회를 비판하는 작품만 싫어한 것은 아니었다. 히틀러가 싫어한 작품 중에는 현실적이지 않은 것도 있었다.

새파란 망아지. 배경은 정반대되는 노란색이다. 실제로 이런 말과 풍경이 있을 리 없다. 프란츠 마르크<sup>Franz Marc</sup>의 작품 「푸른 말」이다.

보통 마르크를 표현주의 화가로 본다. 가끔 상징주의 화가로 보자는 주장도 있는데, 사실 겹치는 작가와 작품이 많다. 어느 사조라고 규정짓기에는 그의 활동이 짧았다. 안타깝게도 젊은 나이에 죽었기 때문이다. 1차대전 때 자원입대했는데 악명 높은 베르됭<sup>Verdun</sup> 전투에서 전사하고 말았다. 서른여섯살 때의 일이다.

마르크의 그림은 히틀러의 취향에 맞지 않았다. 나치는 이미 전사한 마르크의 작품을 퇴폐미술이라며 비난했다. 어째서일까?

시인 베르톨트 브레히트<sup>Bertolt Brecht</sup>는 흥미로운 주장을 했다.

"히틀러는 마르크가 그린 말이 실물과 다르다며 큰 소리로 꾸짖었다. 반면 그로스가 그린 시민이 사실과 다르더라도 마르크에게만큼 까다롭게 굴지는 않았다." 왜? 브레히트에 따르면 "(히틀러와 같은) 파시스트는 현실이 있는 그대로 묘사되는 것을 바라지 않"기 때문이다. 요컨대 브레히트가 보기에, 현실을 생생하게 그려낸 사람은 그로스보다 마르크 쪽이라는 것이다.

정말 그럴까? 브레히트의 말이 근사하기는 한데 정확히 무슨 뜻인지는 모르겠다. 요즘 말로 '아무 말 대잔치' 같다. 어쩌면 그저 히틀러가 그림 보는 눈이 없었기 때문일 수도 있다. 또는 (종교재판소가 그랬던 것처럼) 화가들의 자기검열을 노렸을지도 모른다. 정확히 어떤 작품을 싫어하는지 모른다면, 여간 신경쓰이는 일이 아니다. 잡혀가기 싫은 사람은 그림을 그릴 때마다 '혹시 이것이 잡혀갈 만한 그림인가' 스스로 되묻게 될 테니까.


## : 히틀러의 눈을 쏘다

히틀러가 이런 그림도 저런 그림도 싫어했다는 것은 알았다. 그럼 히틀러의 눈에 찬 그림은 무엇인가. 말로는 '건강한 독일민족의 영광이 드러난 작품이 좋다'고 밝혔다. 너무 애매하다. 역시 사람을 헛갈리게 해서 겁먹게 만들려는 의도 같다. 실제로는 구태의연한 화풍의 그림을 좋아했다. 예를 들어 란칭어<sup>Hubert Lanzinger</sup>가 그린 「기수」라는 작품이 있다. 말을 탄 기사가 깃발을 들었다. 그

후베르트 란칭어, 「기수」, 1934~36년경, 미국 육군군사연구소.

런데 세가지가 맘에 걸린다. 첫째, 깃발에 나치를 상징하는 갈고리 십자가가 있다. 둘째, 기사의 콧수염이 어디서 많이 본 모양새다. 히틀러다. 히틀러가 인류를 구원할 기사라는 의미다. 어처구니가 없다. 심지어 별로 잘 그리지도 않았다. 히틀러가 좋아한 그림들이란 대체로 이러하다.

마지막으로 기사의 눈이 이상하다. 그림에 뭐가 묻은 걸까? 아니다. 총알구멍이다. 전쟁 막바지에 독일 본토로 들어온 미군이 이 그림을 보고 울컥해서 총을 갈겼다고 한다. 병사의 마음도 솔직히 이해는 된다. 저 정신 나간 히틀러 때문에 고향을 떠났고 목숨을 걸었고 친구들이 죽었다. 독일로 향하는 길에서 히틀러와 나치 패거리가 저지른 만행을 목격했다. 그런데 떡하니 저 그림이 걸려 있는 것을 보았으니, 어떤 기분이었겠는가.

그런데 여기서 고민해보자. 작품에 총을 쏜 것은 괜찮은 행동일까? 앞서 독일 용병이 로마 교황청의 벽화에 칼로 '루터'라고 새겼다는 일화를 살펴보았다. 이 일은 누가 봐도 심했다. 그렇다면 히틀러를 우상화하는 선전물에 총을 쏜 경우는 어떨까? 어떤 사람은 지나치다고 할 것이고, 어떤 사람은 통쾌하다고 할 것이다. 나는 쏠 수도 있다는 쪽이다. 그러나 누가 "아무리 히틀러를 그린 그림이라도 예술작품에 총을 쏘는 행위는 옳지 않다. 칼로 벽화에 이름을 새긴 일과 어떻게 다르단 말인가"라고 따진다면, 나는 어떤 논리로 반박하면 좋을까? 내가 나치 선전물에 손상을 입힌다면, 나는 표현의 자유를 침해하는 것인가, 아닌가? 솔직히 나도 헷갈린다.

다음 장부터 우리는 답이 나오지 않는 문제를 붙든 채, 이리 고민하고 저리 고민할 것이다. 글을 쓰는 나도 정말 어렵다. 살얼음판을 걷듯 조심스럽기도 하고. 하지만 나는 흑백으로 딱 떨어지는 이야기에는 흥미가 없다. 정답이 없는 세계에 오신 것을 환영한다.

2부

답하기
어려운
문제들

## 10

표현의
자유에 한계란
없나?

## : 인권감수성이란

여성이라는 이유로, 장애가 있다는 이유로, 성소수자라는 이유로 차별받아서는 안 된다. 1부에서 우리가 다룬 문제는 이렇듯 '정답'이 있다. 이 정답에 거부감을 느끼는 사람이 있을지 몰라도 말이다. 이를테면 성소수자를 차별해야 한다고 공공연하게 주장하는 사람도 있다. 가끔은 이런 주장이 힘을 얻는 것처럼 보일 때도 있다. 하지만 이런 상황이 오래가지는 않을 터이다. 명분 없는 힘의 논리는 당장은 위세를 떨쳐도 시간이 지나면 사람들의 버림을 받게 마련이다. 지나친 낙관 아니냐고? 역사를 보자. 유색인종이 백인의 지배를 받아야 한다는 목소리가 한때는 상식으로 통했다. 그러나 200년 남짓한 사이에 제정신으로 이런 주장을 하는 사람은 찾을 수 없게 되었다. 여성 참정권에 반대하는 목소리가 한때는 사회의 주류였다. 그러나 100년 남짓한 시간이 흐르며 이러한 허튼 주장은 거의 사라졌다. 물론 저절로 이렇게 되는 것은 아니고 많은 사람이 목숨을 걸고 싸운 결과이긴 하지만.

그런데 인권에 관하여, 정답이 없는 문제도 있다. 특히 우리가 일상생활에서 마주치는 문제들이 그렇다. 이 사람은 이렇다고 하고 저 사람은 저렇다고 한다. 합의를 이끌어내기 어렵다. 그러다 싸움이 나기도 한다.

예를 들어 '표현의 자유', 앞서도 이야기했듯 인권의 중요한 원칙이다. 하지만 모든 표현을 다 허용할 수는 없다. 해도 될 말이 있고 해서는 안 될 말이 있다. 「자유」FREEDOM라는 작품을 보자. 길거리 담벼락에 스프레이 물감으로 잽싸게 그린 그라피티graffiti 작품이다. 단순한 디자인을 반복했는데, 오히려 힘있는 그림이 됐다. 가운데 피켓에 작은 글씨로 '표현'expression이라고 적혔다. 그 왼쪽으로 '종교'religion, 또 '사상'thought. 신앙의 자유와 표현의 자유, 그림을 보면 어깨 걸고 나란히 나아가는 동지 같다. 하지만 우리는 알고 있다. 어떤 표현은 종교에 대한 건전한 비판이지만 어떤 표현은 남의 신앙에 대한 모욕이다. 이럴 때 우리는 어떻게 해야 하나? 어떤 표현은 해도 되고, 어떤 표현은 하면 안 될까? 누구나 만족하는 정답은 없다.

그래서 무엇이 인권의 가치에 더 부합한지 질문을 던지기 위해 2부를 쓴다. 멋있어 보이려는 의도는 아니다. 딱 부러지는 답을 제

작자 미상, 「자유」(2003년의 모습).

시하지 못할 수도 있지만, 다 같이 문제의식을 공유하고 고민해봤으면 하기 때문이다.

'인권감수성'이라는 말이 있다. 특정한 말이 상처를 주는 말인지 아닌지, 타인의 인권을 침해하는 말인지 아닌지, 어떤 사람은 바로 알고 어떤 사람은 설명을 들어도 모른다. 아무리 설명해줘도 화만 내는 사람보다, 바로바로 알아차리고 조심하는 사람을, 우리는 인권감수성이 높다고 말한다. 어려운 문제를 묻고 또 물으면 인권감수성이 자라지 않을까. 같이 고민해보자.


## : 어떤 표현이 혐오표현인가

"우리는 왜 불행한가? 유대인 때문이다! 페미니스트 때문이다! 무슬림 때문이다! 게이 때문이다!" 이런 말들은 혐오표현이다. 명백하다. "성소수자를 인정하면 근친상간과 수간으로 비화할 것"이라는 어느 정치인의 발언 역시 혐오표현이다. 이런 말들은 표현의 자유가 적용되는 대상이 아니다.

이 포스터도 혐오표현일까? 2차대전 기간에 나치가 만든 반유대주의 포스터. "전쟁은 이 사람 탓"이라면서 유대인을 가리킨다. 자기네가 전쟁을 일으켜놓고, 자기네가 죽인 유대인한테 전쟁 책임을 떠넘기는 꼴이다. 이기던 시절에는 전쟁이 히틀러의 공이라더니, 전황이 기운 1943년에는 이런 포스터를 내놓았다. 내용도 그렇고, 그림도 유대인을 부정적인 스테레오타입으로 그렸다. ('스테레오타입'이라는 말은 인종주의에 관한 다음 장에서 살펴보자.) 전형적인 혐오표현이다.

그렇다면 양이 그려진 이 포스터는 어떨까? 세련되다. 귀엽기까지 하다. 그런데 맥락을 알고 보면 이것도 혐오표현이다. 이 포스터를 붙인 사람들은 스위스국민당SVP, 이민자들이 스위스의 안보를 해친다고 주장하는 우파 정당이다. 다음 장에서도 보겠지만 이들이 만든 선전물에는 인종차별 메시지가 듬뿍 담겼다. 검은 양

한스 슈바이처,
2차대전 중 나치의 포스터
(포스터 속 표어는
"전쟁은 이 사람 탓!"),
1943년, 미국 국회도서관.

취리히 시내에 걸린 스위스
국민당의 안보 증진 포스터
(2016년의 모습).

은 터키나 아랍계 이민자로 보인다. 흰 양은 백인이리라. 이것은 당연히 혐오표현 아닐까? 그런데 스위스 유권자 중 상당수는 생각이 달랐나보다. 투표로 스위스국민당을 퇴출시키는 대신, 이 당에 표를 몰아줬다. 스위스국민당은 현재 스위스의 유력 정당이다.

독일에도 이 포스터와 비슷한 것이 있었다. 아니, 그림은 스위스국민당의 포스터를 대놓고 베꼈다. 사정을 모르고 보면 스위스국민당의 포스터로 착각하기 십상이다. 하지만 독일의 포스터는 독일국가민주당<sup>NPD</sup>, 독일 극우파 '네오나치'의 작품이다. 제대로 베끼지도 못해서 세련되지도 귀엽지도 않다. 독일국가민주당은 헤센<sup>Hessen</sup>주 선거에 이 포스터를 이용했다. 이 포스터는 등장하자마자 거센 항의를 받았다. 흥미로운 점은 스위스국민당도 이 포스터를 맹비난했다는 점이다. 거대 정당인 자신들과 독일의 영세한 극우 정당인 독일국가민주당을 엮지 말라는 자부심 아닌 자부심일까.

이 상황에 헛웃음이 난다. 독일 네오나치의 포스터도 스위스국민당의 포스터도 보기에는 거기서 거기다. 스위스국민당의 포스터가 좀더 예쁠 뿐이다. (돈이 많으니 그렇겠지.) 그런데 스위스에는 둘이 다르다고 보는 사람이 제법 있다. 스위스국민당이 가져가는 표를 보면 그렇다.

그래서 스스로 묻는다. 두 포스터가 다르다고 하는 사람들을 어떻게 설득할 수 있을까? 둘 다 혐오표현이라는 사실을 어떻게 설명해야 할까?

## : 풍자와 혐오의 경계

혐오표현은 규제하고 풍자는 허용한다, 이것이 표현의 자유에 관한 원칙이다. 풍자는 더 많이 허용할수록 좋다. 문제는 풍자로 가장한 혐오표현이다. 자기가 혐오표현을 하고 있다고 누가 쉽게 인정할까? 남이 보면 혐오표현이더라도 자기 딴에는 풍자라고 주장할 터이다. 자기가 정말 풍자를 하고 있다고 믿는 사람도 있다. 혐오표현과 풍자를 구별하는 선이 생각만큼 뚜렷하지 않아서 그렇다. 어떤 작가는 아슬아슬 줄타기를 하고, 어떤 작가는 아찔아찔 선을 넘나든다. 풍자가 방향을 잘못 잡아 혐오표현이 되어버리기도 한다.

조지 크룩생크George Cruikshank라는 캐리커처 작가가 있었다. 나폴레옹을 풍자하는 그림을 잘 그렸다. 이런 내용의 토막글을 읽은 적 있다. 크룩생크는 나폴레옹에게 아첨하는 대신 그를 우스꽝스럽게 비꼬아, 비판정신이 무엇인지 보여줬다는 것이다. 글쎄? 내 생각은 다르다. 크룩생크가 프랑스 사람이라면 그 말도 맞을 것이다. 하지만 크룩생크는 영국 사람이기에 나폴레옹을 못생기게 그린다고 불이익을 받을 위험은 없었다. 영국정부에서 상을 받았으면 받았지 말이다. (크룩생크는 영국정부를 풍자하는 그림을 그만 그리는 대가로 큰돈을 받은 일이 있다.) 심지어 이 작품은 나폴레옹이 몰락한 후에 조롱하기 위해 그린 그림이다.

물론 다비드가 그린 「나폴레옹의 대관식」처럼 점잔 빼는 그림

조지 크룩섕크, 「스스로 왕관을 쓰는 프랑스의 황제」, 1814년, 파리 군사박물관.

에 비위가 상했다면, 크룩섕크의 그림이 도움이 될 것이다. 나 역시 잘나가는 나라님을 찬양하는 그림은 거북하다. 모든 걸 다 쥐고 흔드는 양반이 굳이 그림쟁이의 칭찬까지 챙겨야 할까. 이런 생각을 할 때면 크룩섕크의 풍자가 막힌 속에 사이다처럼 시원하긴 하다.

　하지만 다음 그림은 어떤가. 크룩섕크는 흑인의 권리가 약간 향상된 일에 대해 호들갑 떠는 그림도 그렸다. 이러다가는 조만간 흑인과 백인이 맞먹게 되리라며 개탄하는 그림이다. 아니, 그게 왜 문제라는 거지? 방향을 엉뚱하게 잡은 것 같다, 크룩섕크의 풍자는. 아니, 풍자가 아니라 혐오표현이라는 말이 맞겠다. 이 그림 왼쪽에 그려진 '흑백 반반 아이'는 여태껏 내가 본 가장 고약한 이미지 가운데 하나다.

크룩섕크는 흑인과 백인이 사랑에 빠져 아이를 가지는 일이 그렇게 못마땅했을까? 앞서 살펴본 오노레 도미에의 풍자에 나타난, 약자를 향한 따뜻한 시선이 크룩섕크에게는 없다.

크룩섕크 본인은 자기가 혐오표현을 그리고 있다는 사실을 알았을까? 막대한 권력을 가진 나폴레옹이나 눈곱만한 권리를 보장받기 시작한 흑인들이나, 똑같은 풍자의 대상으로 생각한 것은 아닐까? 크룩섕크를 만난다면, (영어 문제가 해결되었다고 치고) 어떻게

조지 크룩섕크, 「뉴 유니언 클럽」, 1819년, 영국 박물관.

그를 설득해야 할까? 이 작품은 봐줄 만하지만, 이 작품은 안 되는 이유를 어떻게 설명해야 할까? 혐오표현과 풍자의 정확한 경계선은 어디일까?


## : 정치적 올바름과 검열

'정치적 올바름'이라는 개념도 알아두어야 한다. 예를 들어 '장님'과 '벙어리'는 쓰면 안 되는 표현이다. 오래전부터 차별하는 말로 쓰였기 때문이다. '시각장애인'과 '언어장애인'으로 바꿔 부르는 것이 정치적 올바름이다. 그러니 '장님 코끼리 만지듯'이나 '벙어리 냉가슴 앓듯' 같은 속담은 사용하지 말자.

여기까지는 좋다. 문제는 이것이 검열과 닮아 보인다는 점이다. 표현 하나하나를 바루어가며 생활하다니, 간단한 맞춤법도 어려워하는 사람들이 태반인데 너무 까다로운 것 아닐까. 마음껏 표현할 사람이 줄어들 것이다. 이것이 표현의 자유를 위축시킬지도 모른다. 검열은 아니더라도, 검열과 비슷한 효과를 낼 수 있다.

영화 이야기를 잠깐만 하자. 「바람과 함께 사라지다」Gone with the Wind는 성공한 작품이다. 그런데 정치적으로는 올바르지 않다. 영국 신문 「가디언」The Guardian의 보도에 따르면, 옛날 영화를 틀어주던 미국 테네시주 멤피스의 오르페움 극장은 이 영화를 2018년부터 상영 목록에서 빼기로 했단다. 인종차별적인 내용 때문이다. 2015년 몇몇 미국 평론가들은 「바람과 함께 사라지다」는 아예 상영하면 안 된다고 목소리를 내기도 했다. 정치적 올바름을 위한 행동이다. 하지만 누군가는 이런 주장을 검열이라고 생각할 것이다.

그렇다면 「바람과 함께 사라지다」에 담긴 인종차별적 내용이란 무엇일까? 주인공 스칼렛 오하라<sup>Scarlett O'Hara</sup>의 곁을 지키는 노예 마미<sup>Mammy</sup>가 특히 문제다. 남북전쟁이 끝나고 노예들이 해방되었는데도 마미는 옛날 '주인'을 '배신'하지 않는다. 원작 소설을 쓰고 영화를 만든 백인들이 보기에 마미는 '착한 사람'이었으리라. 빈면 유색인종이 보기에 미미리는 인물은 불편하다. 흑인 인권운동가 맬컴 엑스<sup>Malcolm X</sup>는 어린 시절 이 영화 때문에 상처를 받았다고 한다. 극장에서 백인 관객들 사이에 끼어 이 영화를 보고는, 영화 속에 나타난 흑인 묘사 때문에 쥐구멍에라도 들어가고 싶었다는 것이다.

그런데 문제가 간단하지만은 않다. 마미를 연기한 해티 맥대니얼<sup>Hattie McDaniel</sup>은 인종차별에 맞서 싸운 사람으로 기억된다. 얄궂은 이야기다. 이 영화 덕분에 최초로 아카데미상을 받은 흑인 여배우가 되었기 때문이다. 기념우표도 나왔다.

한편 방금 내가 쓴 어휘에도 문제가 있다. 정치적 올바름을 생각한다면 '흑인 여배우'라는 말은 안 쓰는 것이 좋다. 물론 '검둥이'는 명백한 혐오표현이므로, 사용하면 안 된다. '흑인'이라는 말도 경우에 따라 문제가 된다. 정치적으로 올바른 표현은 '아프리카계 미국인'이다. '여배우'라는 말도 좋지 않다. '남배우'라는 말을 따로 쓰는 경우는 없기 때문이다. 그냥 '배우'라고 해야 한다.

그러니 "최초로 아카데미상을 받은 아프리카계 여성 배우"라고 써야 정치적으로 올바른 표현이다. 휴, 어렵다.

정치적 올바름을 꼬박꼬박 지키는 일은 번거롭다. 품이 많이 든다. 그래도 할 수 있는 한 지켜야지 어쩌겠는가. 그런데 가끔은 본말本末이 전도된 것 아닌가 의심하는 사람도 있다. 표현을 바루는 일에만 힘을 쓰다가 제도개선 같은 중요한 문제를 놓치면 어쩌나 걱정이 들기 때문이다. 인종차별과 불관용에 맞서 싸우던 움베르토 에코 같은 유럽의 지식인도, 미국식 정치적 올바름이 효과적인 사회운동 방식일까 걱정한 것 같다.

정치적 올바름을 지키는 일은 필요하다. 정치적 올바름을 잊는다면 일상에서나 예술에서나 혐오표현이 넘쳐나리라. 하지만 가끔은 정치적 올바름만 중요한 걸까 하는 회의가 들기도 한다.

## : 이것은 반달리즘일까

반달리즘vandalism이라는 말도 알아두자. 예술작품을 파괴하는 행위를 뜻한다. 서기 455년 로마가 침략당해 탈탈 털린 사건이 있었다. 예술작품도 많이 부서졌다. 이 일을 저지른 사람들이 반달Vandal족이다. 작정하고 예술작품을 파괴하는 행위를 '반달족이나 할 법한 일'이라는 의미로 반달리즘이라 부르는 사연이다.

「로마의 약탈」은 반달족이 로마를 파괴한 사건을 훗날 브률로프Karl Pavlovich Bryullov가 상상하여 그린 작품이다. 먼 옛날의 사건을

카를 브률로프,
「로마의 약탈」,
1835~36년,
트레차코프 미술관.

다루는 이런 그림이 유럽에서 한동안 유행했다. 나는 이 그림이 못마땅하다. 반달족을 야만스러운 유색인종으로, 피해자를 힘 약한 여성으로 그렸기 때문이다. 정치적으로 올바르지 않은 그림의 교과서 같은 작품이다.

반달족은 억울하겠지만 반달리즘은 나쁜 짓이다. 문제는 혐오표현을 막기 위해 예술품에 손을 대는 일이 반달리즘이냐 아니냐하는 점이다. 물론 혐오표현은 근절해야 한다. 하지만 그 방법은 늘 논쟁거리다.

앞서 히틀러를 거룩한 기사로 묘사한 란칭어의 작품을 살펴보았다. 미군 병사가 부아가 치밀어 이 그림에 총알구멍을 냈다는 일화도 이야기했다. 혐오표현으로 권력을 잡고 대량학살을 저지른 혐오의 대가 히틀러의 그림에 총질을 하다니, 이것은 반달리즘인가, 아닌가? 사람마다 생각이 다를 것 같다. 히틀러가 그런 일을 당해도 싸다는 생각이야 같겠지만.

역시 앞서 살펴본 벨라스케스의 「거울 속의 베누스」는 어떤가? 메리 리처드슨이 남성들의 걸근대는 시선이 싫다며 이 그림에 칼질을 했다는 사건도 이미 이야기했다. 이것은 반달리즘인가, 아닌가? 히틀러의 그림에 총질한 사건과 비교하면 어떤가? 두 사건을 비교할 수 있을까?

이 경우는 어떤가? 4·19혁명 직후 시민들이 쓰러뜨린 이승만의 동상이다. 독재자 동상을 때려부수는 모습은 혁명 때마다 보는 흥미로운 장면이다. 이런 일도 반달리즘에 해당할까? 이승만 동

© 연합뉴스

4·19혁명 직후 파고다 공원의
이승만 동상을 쓰러뜨리는 시민들
(1960년의 모습).

상이 예술적으로 가치가 있느냐 없느냐는 별도의 문제로 하고 말이다. 한편 최근 박정희 집터 표석에 해코지를 하는 시민들이 늘었다고 한다. 이 일은 또 어떻게 이해해야 하는가?

하나만 더 살펴보자. 한때 논쟁이 뜨겁던 '일베 조형물 철거 사건'. 서울의 어느 미술대학생이 졸업작품이랍시고 '일베'를 형상화하는 조형물을 만들어 교정에 전시했다. 한국사회에서 가장 혐오표현이 넘쳐나는 곳이 일베다. 학교 안팎의 사람들이 충격을 받았고 기사화까지 되었다. 나는 이 조형물 역시 혐오표현이라 생각한다. 네오나치가 옛 나치의 상징인 갈고리 십자가를 전시하는 일

자체가 혐오표현인 것과 마찬가지다.

제작자는 표현의 자유라며 철거하지 않고 버티면서 사람들의 공분을 자아냈다. 그런데 어느 날 다른 학생이 이 일베 조형물을 쓰러뜨려 파괴했다. 이 일을 반달리즘이라고 봐야 할까, 아닐까? 혐오표현은 한시라도 빨리 눈에 안 띄게 치우는 것이 원칙 아닌가? 하지만 잘했다고 칭찬하기도 어색하지 않나? 답이 쉽게 나지 않을 문제 같다.


## : 외설과도 같은 타인의 고통

덧붙여, 고통을 '전시'할 때 생기는 윤리적 문제에 대해 생각해보자. 고통받는 인간은 언제나 예술작품의 주요 주제였다. 그런데 자랑하듯 고통을 보여줘도 과연 괜찮을까? 인권의 관점에서 이 문제를 어떻게 봐야 하나?

서경식 선생은 『나의 서양미술 순례』 박이엽 옮김, 창비 2002 에서 이렇게 말한다. "그것은 「상처를 보여주는 그리스도」라는 채색 테라코타상像이다. 등신대보다 약간 작은 그리스도가 두 손의 손가락들을 오른편 옆구리의 상처 속에 집어넣어 그것을 확 열어 보이고 있다. 한껏 넓혀진 상처는 깊은 구멍이 되어 눈을 돌리려 해도 눈길을 잡아끌고 놓아주지 않는 것이었다."

이런 작품을 보는 일은 불편하다. 아니, 불편하라고 일부러 만든 작품이다. 기독교의 순교자 도상에는 이런 작품이 많다. 예수

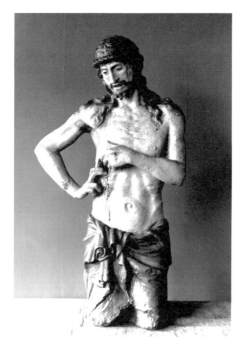

작자 미상,
「상처를 보여주는 그리스도」,
1420~25년,
빅토리아 앤드 알버트 박물관.

가 직접 나섰으니 극적인 효과는 더욱 크다. 서경식 선생은 이렇게 덧붙였다. "나는 무어라 표현하기 어려운 잔인한 생각에 사로잡혔다. 그것은 차라리 외설에 가깝다." 망측하다 느끼면서도 눈길을 뗄 수 없다.

　고통을 이렇게 전시하는 일이 옳을까? 모르겠다. 예수와 순교자는 오히려 말썽이 일어날 여지가 없다. 그런데 전쟁의 이름 없는 피해자들을 이렇게 전시한다면 어떨까. 우리가 앞서 오토 딕스의 「상이용사들」을 살펴보며 던진 질문도 이것이었다.

수전 손택은 책『타인의 고통』에서 이 문제를 파고든다. 에른스트 프리드리히의 사진집『전쟁에 반대하는 전쟁』에 관한 손택의 말이다. (앞서 잠시 언급했다.) "이 책에서 도저히 견딜 수 없는 부분은 「전쟁의 얼굴」이라는 제목이 붙은 단락이다. 얼굴에 깜짝 놀랄 만큼 큰 부상을 입은 병사들을 근접 촬영한 24장의 사진들은 독자의 혐오감을 자아내고 힘을 쭉 빠지게 만들려고 작정이라도 한 듯하다." 손택은 같은 책 다른 곳에서 이렇게 덧붙인다. "실제의 공포를 근접 촬영한 이미지를 쳐다볼 때에는 충격과 더불어 수치감이 존재한다. (…) 의도했든 안 했든, 우리는 관음증 환자이다." 서경식 선생의 통찰과 놀랄 만큼 비슷하다.

그리고 오늘날 구호단체들의 고민이기도 하다. 내전과 기아에 시달리는 제3세계의 사람들을 돕기 위해 모금을 하는 단체들이 있다. 선전 효과를 높이기 위해 어떤 단체는 어린아이의 고통받는 모습을 드러내 보인다. 우리는 눈을 떼지 못한다. 하지만 우리의 그 알량한 눈길이 아이를 대상화하는 것은 아닐까? 이를 가리키는 말이 '빈곤의 포르노'다. 빈곤퇴치라는 목적이 아무리 옳아도 선전방법이 고통을 진열하는 식이어서는 안 된다는 목소리가 높다.

그래도 여전히 문제가 남는다. 타인의 고통이 선정적으로 전시되지 않더라도, 우리는 여전히 타인의 고통에 관심을 가질 것인가? '빈곤의 포르노' 없이 후원금이 모일 정도로 우리 사회는 성숙한가?

# 인종주의를
# 둘러싼
# 문제들

## : 아무도 인종주의자가 아니다?

인종주의는 나쁘다. 대부분의 사람이 동의한다. 그래서 스스로 인종주의자라고 인정하는 사람은 만나기 힘들다. 그러나 인종주의가 나쁘다고 해놓고도 혐오표현과 인종차별을 거리낌없이 하는 이가 많다.

앞서 스위스국민당 포스터를 보았다. 흰 양이 검은 양을 내쫓는 그림이었다. 그러나 스위스국민당의 정치인도, 그들에게 표를 준 유권자도 자기네가 인종주의자라고 순순히 인정하지 않을 것이다. 다른 민족과 어울려 살기 싫어하는 데는 이유가 있다고, 먼저 피해를 입은 것은 자신들이라고 주장할 것이다.

역시 스위스국민당의 포스터다. '양 포스터'와 마찬가지로 검

2009년 스위스국민당이
만든 포스터.

은색은 이민자의 색이다. 붉은색 땅덩어리는 스위스다. 이 그림만
보면 가해자는 이민자 같다. 포스터에 따르면 이민자를 적대하고
쫓아내는 일은 인종주의가 아니다. 자기네가 살기 위한 몸부림이
라는 것이다.

맞는 이야기일까? 아닌 것 같다. 다른 인종주의자들이 하는 말
도 비슷하기 때문이다. "우리야말로 피해자"라는 말은 인종주의
의 닳고 닳은 레퍼토리다.

나치가 집권한 직후인 1934년 독일에서도 마찬가지였다. 당시
독일 시사지에는 미국의 공원을 산책하는 어떤 백인 모자母子가
흑인과 유대인들에게 둘러싸여 곤란해하는 일러스트가 실렸다.

그 일러스트에는 다음과 같은 설명이 쓰여 있었다. "미국을 '미국 사람'에게! 흑인과 유대인 인구가 갑자기 늘어 미국 사람은 골치가 아프다." 역시 흑인과 유대인이 가해자라고 주장했다. '미국 사람'도 아니라고 했다. (당시만 해도 나치가 미국사회를 오지랖 넓게 '걱정'해주는 분위기였다.) 나치는 자신들도 피해자라고 주장하려던 것이다.

한국사회의 인종주의는 어떨까. 한국에도 혐오표현과 인종차별에 전념하는 '시민단체'가 많다. 그런데 이 사람들을 찾아다니며 만나봐도, 스스로 인종주의자라고 인정하는 사람은 없다고 한다. 인종주의 문제를 연구하는 내 친구가 들려준 암담한 이야기다. 인종주의자임을 부인하는 인종주의자들과는 어떻게 대화를 풀어야 하는 걸까?

## : 피해자 서사와 음모론

인종주의는 이야기를 좋아한다. 자기가 피해자라는 거짓된 이야기들 말이다. 이런 이야기를 '피해자 서사'라고 불러보자. 피해자 서사를 제멋대로 써먹는 자들이 있다. 남을 해치고도 피해자 서사를 갖다 붙이며 정당방어라고 둘러댄다.

피해자 서사는 종종 음모론으로 발전한다. 저 사람들이 우리를 해치려는 음모를 꾸미고 있고, 그렇기 때문에 저 사람들을 공격해도 된다는 내용이다. 한국에 들어오는 무슬림을 싸잡아 IS<sup>Islamic</sup>

<sup>State</sup>나 알카에다라며 헐뜯는 경우를 우리는 자주 본다.

역사상 가장 악명 높은 음모론은 '유대인의 세계 지배 음모론'이다. 이 음모론은 심지어 '근거'도 내놓는다. 『시온 장로 의정서』The Protocols of the Elders of Zion라는 책이다. 1934년 출간된 프랑스어판의 표지 그림은 유대인이 지구를 움켜쥐는 바람에 유럽과 미국이 피를 흘리는 것처럼 그렸다.

이 책은 무슨 내용인가? 유대인 장로들이 프라하의 공동묘지에 모여 세계를 정복할 음모를 꾸미더라는 것이다. 유대인 가운데는 자본가가 많다. 음모론자들은 이것 또한 유대인이 경제로 세계를 지배하려 한다는 증거라고 주장한다. 그런데 사회주의 혁명가중에도 유대인이 많다. 이건 이것대로 유대인이 볼셰비키Bol'sheviki 혁명으로 세계를 지배하려 한다는 증거라고 한다. 양쪽이 싸우는 것처럼 보이는데, 이 역시 음모의 증거란다. 어느 쪽이 이기건 유대인이 세계를 손에 넣게 되어 있다는 것이다.

실제로 저런 회의가 있었을까? 천만의 말씀. 진위 논쟁은 예전에 끝났다. 학자들이 연구한 결과, 『시온 장로 의정서』는 옛날 소설을 베껴 만든 가짜 문서로 밝혀졌다. 20세기 초에 스위스 법정에서 판결까지 났다. 그런데 연구결과를 무시하고 이 책이 맞는다며 우긴 사람들이 있다. 나치가 대표적이다.

나치의 반유대주의 전시회인 '영원한 유대인'의 포스터는 유대인 세계 지배 음모론의 내용을 그림에 담았다. 한 손은 금화를 만지작댄다. (옛날부터 반유대주의자들은 유대인이 돈을 밝히는 민족이라고

1937년 독일 뮌헨에서 열렸던
반유대주의 나치 선전 전시회
'영원한 유대인'의 포스터.

주장했다.) 다른 팔에는 '낫과 망치', 공산주의의 상징을 끼고 있다. (사회주의 혁명의 배후도 유대인이라는 의미다.) 그리고 한 손에는 채찍을 움켜쥐고 있다. 맞으면 더 아프라고 치사하게 매듭까지 묶어놨다. (유대인이 '독일민족'을 노예로 삼으리라는 암시다.)

위조라는 사실이 이미 드러났지만, 나치는『시온 장로 의정서』를 교과서로 썼다. 자동차왕 헨리 포드는 말년에 이 책을 미국에 뿌리고 빈축을 샀다. 지금은 대부분의 나라에서 금지된 문헌이다. 하지만 이 내용을 믿는 인종주의자가 아직도 있다. 움베르토 에코가 말년에 소설『프라하의 묘지』<sup>이세욱 옮김, 열린책들 2013</sup>를 쓴 것도, 이 책이 가짜라는 사실을 거듭 확인하기 위해서였다. 그래도 아랍의 몇몇 나라에서는 여전히『시온 장로 의정서』를 읽는다고 한다. 인종주의를 인종주의로 갚는 것 같아 씁쓸하다. (이스라엘이 팔레스타인을 점령하여 삶의 기반을 파괴하고 학살한 것도 사실이다. 나치가 유대인에게 한 짓과 비교되기도 한다. 그런데 이에 맞서 이스라엘정부가 들고 나오는 논리가 "우리는 나치의 피해자였다"라니, 이 역시 씁쓸하다.)

거리낌없이 이 책을 읽는 나라가 또 있다. 한국이다. 유대인 음모론에 관한 책이 베스트셀러가 된 적도 있다. 책을 읽다가 '이 정도면 인종주의'라는 것을 알아차리지 못하나보다. 인종주의에 대한 한국사회의 감수성은 너무 무뎌 걱정스럽다.

## : 스테레오타입과 인종주의

'검둥이'가 혐오표현이라는 사실은 누구나 안다. 그렇다면 인터넷에서 쓰는 '흑형'이라는 말은 어떨까? 문제없다고 주장하는 쪽이 있다. 좋은 의도로 하는 말이기 때문에 괜찮다고 한다. "흑인은 신체적 능력이 뛰어나 농구건 댄스건 우리보다 잘하기 때문에, 우리보다 나이가 어려도 형이라 부를 만하다"는 농담 섞인 글을, 어느 게시판에서 읽은 적이 있다. 반면 문제가 된다는 쪽은 "흑인은 신체적 능력이 뛰어나다"는 말 자체가 '스테레오타입'이라고 지적한다.

어려운 말이 나왔다. 스테레오타입이란 무엇일까? 원래는 인쇄할 때 쓰는 단단한 판을 가리키는 말이다. 한번 납을 부어 스테레오타입을 만들면 내용을 고칠 수 없다. 그래서 '바뀌지 않는, 틀에 박힌 듯한, 찍어낸 것 같은 고정관념'이라는 뜻이 되었다.

인종주의 문제에서 중요한 단어다. 다른 민족에 대한 스테레오타입이 인종주의와 관련이 있다고 보기 때문이다. 앞서 본 나치의 그림에 나오는 '돈을 밝히는 유대인'이나 '공원에서 떠드는 흑인' 따위는 부정적인 스테레오타입이며 명백한 혐오표현이다.

그런데 스테레오타입 가운데에는 '긍정적인 선입견'처럼 보이는 것들도 있다. "몸을 잘 쓰는 아프리카계" "수학을 잘하는 아시아계" 같은 표현은 어떨까. "좋은 게 좋은 것"이라는 말도 있거니와, 좋은 말이 들어가면 인종주의가 아닌 것일까? 글쎄, 간단한 문

장레옹 제롬,
「뱀 부리는 사람」,
1870년경,
클라크 미술관.

제가 아니다.

'오리엔탈리즘'orientalism 이라는 개념이 있다. 서양 문화사를 공부할 때 자주 등장하는 말이다. 오리엔트Orient 는 동쪽이라는 뜻으로 서유럽에서 볼 때 동쪽인 중동지역을 가리킨다. 오리엔탈리즘 회화에는 오리엔트 지역에 대한 서유럽 사람의 스테레오타입이 담겨 있다. 아름답고 신비롭게 그렸다. 얕잡아 보고 차별하는 시선이 아니다. '이 화가는 정말 이 지역이 마음에 들었구나' 하는 생각이 들 정도다.

그러나 오늘날 적지 않은 사람들은 오리엔탈리즘과 인종주의가 관계있다고 생각한다. 오리엔탈리즘 회화와 제국주의 정치가 같은 시대에 발전했다는 사실은 우연이 아닐 것이다.

이렇듯 긍정적인 스테레오타입도 인종주의로부터 자유롭지 않다. 우리는 앞서 벤저민 웨스트 그림 속의 '고귀한 야만인' 역시 인종주의의 또다른 반영임을 살펴보았다. 그런데도 작가들이 스테레오타입에 의존하는 이유는 무엇일까? 스테레오타입 없이는 농담을 하거나 캐릭터를 만들기가 무척 어렵기 때문이다. 그래서 나 같은 만화가한테 이 문제는 심각한 고민거리다.

뒤집어 말하면, 수많은 작품이 스테레오타입에 의존하고 있다는 뜻이다. 고민할수록 묻고 싶은 것이 늘어난다.

에르제Hergé 의 '땡땡의 모험' 시리즈는 훌륭한 만화다. 정의감에 불타는 소년 기자 땡땡Tintin 은 세계를 돌아다니며 억울한 처지에 놓인 사람을 돕는다. 국적과 인종을 가리지 않고 말이다. 그런데 초기작『콩고에 간 땡땡』은 훗날 법정소송까지 갔다. 인종주의가 담긴 책이라며 출판을 금지해달라는 소송이었다. 에르제가 벨기에 사람이었다는 사실 때문에 일이 더 꼬였다. 벨기에는 한때 몹시 잔인한 방식으로 콩고를 식민통치했기 때문이다. 콩고 사람이 화낼 만하다. 그렇다면 '땡땡의 모험'은 금지해야 할 인종주의 만화인가? 여러분 생각은 어떤가?

『우주소년 아톰』과『블랙잭』을 그린 만화가 데즈카 오사무手塚治虫는 모든 종류의 차별에 반대하는 사람이었다. 인간에게 차별받는 로봇의 이야기까지 만화로 그렸다. 그런데 데즈카 오사무의 만화 전집을 다시 펴내며 편집자는 책마다 사과의 말을 붙였다. 제3세계 사람들을 스테레오타입대로 묘사한 장면 때문이다. 시대가 변했고 다시 보니 문제의 소지가 있지만 새로 그릴 수도 없으니 일단 사과를 하고 전집을 내겠노라고 말이다. 묻고 싶다. 사과만 한다고 될 일일까? 아니면 반대로, 사과까지 할 필요가 있었을까?

디즈니의 애니메이션은 언제나 토론거리다. 의인화, 특히 동물을 사람처럼 그려내는 것이 월트 디즈니의 장기였다. 그런데 옛날 애니메이션에 나오는 어떤 동물들은 유색인종을 염두에 두고 만든 것이라는 비판이 오래전부터 제기되었다. 요즘은 디즈니도 많이 조심하지만 말이다. 이를테면「라이온 킹」The Lion King에 등장하는 악역의 테마색은 검정이다. 껄렁껄렁 몰려다니는 불량배 하이에나 캐릭터가 유색인종 이민자를 연상시킨다는 지적이 있다. 이것은 올바른 비판일까? 아니면 이른바 '프로 불편러'의 과민한 반응일까?

「스타워즈」의 인기 없는 조연 자자 빙크스는 어떤가? 흥겹고 수다스럽지만 야무지지 못하다. 아프리카계 자메이카 사람의 스테레오타입 아니냐는 비판이 쏟아졌다. 조지 루카스<sup>George Lucas</sup>가 직접 나서서 아니라고 해명했지만, 일부의 시선은 여전히 곱지 않다. 지금껏 잘 숨겨왔던 미국 영화계의 인종주의가 드러난 것인가? 아니면 지나치게 예민한 반응인가?


## : 백악관 벽에 걸린 '검둥이'라는 욕설

1960년, 미국 뉴올리언스. 백인만 다니던 초등학교에 흑인 소녀 루비 브리지스<sup>Ruby Bridges</sup>가 입학했다. 그 지역 인종주의자들이 성을 냈다. "백인 학교에 흑인이 함께 다니면 안 된다"는 것이다. 분위기가 험악했다. 보안관들이 브리지스의 통학길을 지켜야 했다. 미국 흑인 인권운동에서 중요한 사건이다.

이 장면을 노먼 록웰이 그렸다. 「우리가 함께 사는 문제」라는 작품이다. 그림 안에 얼굴이 보이는 인물은 루비 브리지스뿐이다. 인종주의자의 시끄러운 세상은 그림 밖에 있다. 브리지스에게 해코지하는 비열한 백인 어른들은 그림에 나오지 않는다. 다만 그들의 악의가 소녀의 세계에 들어와 박혔다. 브리지스를 겁주려고 던진 토마토 얼룩. 브리지스가 다니는 길에 대문짝만하게 써놓은 "검둥이"<sup>NIGGER</sup>라는 욕설. 그림에 죄는 등장하되 죄를 짓는 백인

노먼 록웰,
「우리가 함께 사는 문제」,
1964년,
노먼 록웰 박물관.

들은 등장하지 않는다. "죄는 미워하되 사람은 미워하지 말라"는 말이 떠오른다. 록웰의 연출이 탁월하다.

이 그림을 대통령 버락 오바마<sup>Barack Obama</sup>가 백악관 벽에 걸었다. 미국 사람들은 최초의 유색인종 대통령이 의미심장한 메시지를 던졌다고 받아들였다.

이런 상상을 해본다. 백악관에 이 그림을 건 사람이 흑인 오바마가 아닌 백인 트럼프<sup>Donald Trump</sup>였다면, 그림 한복판에 적힌 "검둥이"라는 혐오표현은 어떤 의미로 읽혔을까? 똑같은 그림이라도 누가 거느냐에 따라 의미가 다르다. 같은 행동과 말도 주체가 누구냐에 따라 인종주의가 되기도 하고 안 되기도 한다. 당사자가 하면 다른 뜻이 된다.


## : 당사자가 우선인가, 연대가 우선인가

흑인 인권운동가 맬컴 엑스는 꼬장꼬장한 사람. 하루는 어떤 백인이 찾아와 물었다. "흑인 해방을 위해 백인이 할 일은 뭘까요?" 맬컴 엑스는 잘라 말했다. "없다."

맬컴 엑스의 대답은 적절했나? 아니면 그가 지나치게 까칠했던 걸까?

백인이 할 일은 없다는 대답은 이런 뜻 아니었을까. 흑인의 인권이 침해되어왔다는 말은 흑인이 자기결정권을 존중받지 못했다는 뜻이다. 미국사회에서 유색인종의 운명을 오랫동안 백인이 대신 결정했기 때문이다. 유색인종의 인권운동이란 침해당한 자기결정권을 되찾아오는 과정이다. 당사자들이 하는 것이 옳다. 그런데 그 과정조차 백인이 해주겠다고? 맬컴 엑스는 묻고 싶었을 것이다. "백인이 그렇게 잘났어?"

반면 이렇게 생각할 수도 있다. 맬컴 엑스는 백인의 도움을 반겨야 했다고 말이다. 그래야 판을 키우고 더 많은 사람을 운동에 참여시킬 수 있기 때문이다. 같은 시대의 킹<sup>Martin Luther King Jr.</sup> 목사가 그렇게 했다. 당사자가 주체가 되는 일도 중요하지만, 남과 연대하는 일도 중요하다.

맬컴 엑스도 말년에는 생각이 달라졌다. 무슬림이던 그는 메카<sup>Mecca</sup>에 성지순례를 가서 전세계에서 온 다양한 무슬림을 만났다. 그런 다음 마음을 바꾸었다. "그때 그 백인에게 다른 대답을 해주었으면 좋았을 것"이라고 작가 알렉스 헤일리<sup>Alex Haley</sup>에게 털어놓는다. (맬컴 엑스는 얼마 후 암살당했다.)

흑인이 아니어도 흑인 인권운동을 할 수 있을까? 흔한 일은 아니지만 사례는 있다. 목숨을 바친 사람도 있다. 1964년 여름, 미시시피주에서 일어난 살인 사건. 이 지역 KKK<sup>Ku Klux Klan</sup> 단원들이 벌인 증오범죄였다. 흑인 참정권운동을 펼치던 활동가 청년 셋이 목숨을 잃었다. 제임스 채니<sup>James Chaney</sup>는 미시시피 출신의 흑인이었고, 앤드루 굿맨<sup>Andrew Goodman</sup>과 마이클 슈워너<sup>Michael Schwerner</sup>는 유대인이었다.

이듬해 1965년, 노먼 록웰은 이 사건을 일러스트로 그렸다. 제

노먼 록웰,
「미시시피의 살인」 또는 「남부의 정의」,
1965년, 노먼 록웰 박물관.

목은 「미시시피의 살인」 또는 「남부의 정의」. 처음에는 두 장의 그림을 그릴 계획이었다. 왼쪽 페이지에는 죽어가는 활동가들을, 오른쪽 페이지에는 총을 든 인종주의자들을 그리려 했다. (죽임당하는 사람과 죽이는 사람을 왼쪽 오른쪽으로 나누어 보여주는 미술사의 전통을 우리는 앞서 살펴보았다.) 실제로는 왼쪽 그림만 완성하여 출판되었다. 살인자들은 그림자로만 등장한다. 이것으로 충분했기 때문이리라. 절제된 구성, 절제된 색조. 우리는 더 큰 분노를 느낀다.

요컨대 당사자가 아니어도 차별에 항의할 수 있다. 원칙은 그렇다. 그런데 요즘 나는 생각이 복잡하다. 연대를 강조하다보면 정작 말해야 할 당사자의 발언할 기회가 줄어드는 것이 아닐까? 다음 장에서 이 문제를 더 살펴보자.

여성혐오,
무엇이
문제인가

## : 여자를 좋아하니 여성혐오가 아니라고?

여성혐오는 나쁘다. 모두가 인정한다. 그런데 스스로 여성혐오를 한다고 인정하는 남자는 없다. (어디서 많이 보던 모양새다.) 한술 더 떠 이렇게 대답하는 남자도 본다. "내가 여성혐오라니 그럴 리 없어. 내가 여자를 얼마나 좋아하는데." 이 말이 적절한 대답이 된다고 생각하나보다, 아이고.

여성혐오란 설명하기 쉬운 개념은 아니다. '미소지니'misogyny를 번역한 말인데, 영어권에서도 미소지니라는 말은 쉬운 단어가 아니다. (어려운 그리스어를 그대로 가져다 쓴다.) 오리엔탈리즘을 설명하기 어려운 것처럼 미소지니도 풀어 말하기 어렵다. 이를테면 여자를 아름답게 그리는 것도, 여자를 여자답다고 칭찬하는 것도,

여성혐오에서 자유롭지 않다는 뜻이다. '뭐 이렇게 복잡하냐'는 일부 성난 남성들의 항의가 벌써부터 들리는 듯하다.

19세기에 활동한 귀스타브 카유보트Gustave Caillebotte는 일상의 장면을 깔끔한 필치로 그리던 인상주의 화가다. 그의 작품 「목욕하는 남자」는 목욕을 끝내고 몸을 닦는 남자의 뒷모습을 그렸다. 특별할 것 없는 일상을 그렸다. 그런데 미술사에서는 특이한 작품으로 주목받는다. 어째서? 주인공이 남자라서 그렇다. 그러고 보니 남성의 목욕을 그림으로 본 기억이 거의 없다. 옛날에 여성 화가는 남성의 목욕 장면을 잘 그리지 않았다. 남성 화가도 마찬가지다. 그 대신 여성이 목욕하는 장면은 참 많이도 그렸다. '목욕하는 여인'이라는 하위 장르가 따로 있을 정도. (앞서 우리가 살펴본 수산나의 목욕도 그런 경우다.) 심각한 불균형이다.

게릴라걸스Guerrilla Girls라는 예술가 단체가 있다. 1985년부터 포스터를 만들며 활동했다. 고릴라걸스라고 부르기 십상이다. (나도 늘 헷갈린다.) 유명한 여성 누드 미술작품에 고릴라 가면을 씌워 포스터를 만들기 때문이다. 1989년에는 뉴욕 메트로폴리탄 미술관의 전시회에 항의하는 선전물을 붙였다. 그때는 여성 나체를 그린 앵그르Jean Auguste Dominique Ingres의 걸작 「그랑 오달리스크」가 고릴라 가면을 썼다. "여성이 메트로폴리탄 미술관에 들어가려면 벗어야 하는가?" 문구는 이렇게 이어진다. "현대미술 섹션에 들어간 작가는 여성이 5퍼센트가 채 안되지만 누드 그림은 여성이 85퍼센트다."(정확한 숫자는 조금씩 달라진다. 2005년 유럽판 포스터에는 "3퍼

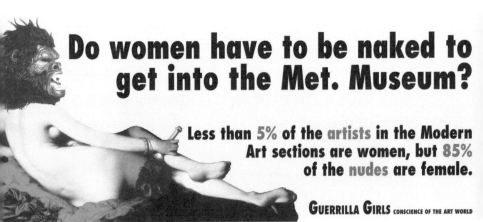

© Guerrilla Girls, courtesy guerrillagirls.com

게릴라걸스, 「여성이 메트로폴리탄
미술관에 들어가려면 벗어야 하는가?」,
1989년, 뉴욕.

센트"와 "83퍼센트"라고 쓰여 있다.) 무슨 의미인가? 여성 화가는 남성
화가와 동등한 주체로 인정받지 못한다. 그래서 여성 화가가 그린
그림은 미술관에 적다. 반면 남성 화가와 남성 관람객이 바라보는
대상으로서 여성의 몸은 환영받는다는 뜻이다.

미술이 아니어도 좋다. 사회 어디를 봐도, 상황은 평등하지 않
다. 어려운 개념과 용어를 다 빼고 이야기해보자. 뿌리 깊은 여성
차별이 존재한다. 이런 상황에서 남자가 알아듣도록 남자 기분을
상하지 않게 조심하면서 남자를 위해 설명하라고 한다면, 어떤 여
자가 기꺼워하겠는가.

## : 남성은 과연 피해자인가

남자 1명 1명은 설명을 해달라고 말한다. 그러나 여자들은 설명하느라 지쳤다. 그래서 어떤 여자들은 미러링 mirroring 이라는 방법을 쓴다. 이를테면 "풍만한 가슴, 잘록한 허리, 몸매가 섹시하군요! 이건 칭찬이니 여성혐오가 아니죠?"라고 말하는 남자에게, 하나하나 설명하는 대신 이렇게 쏘아붙이는 거다. "당신 키는 적당한데, 바지 속은 어떤지 궁금하네. 남을 외모로 품평하다 직접 당해보니 기분 어때?"

미러링은 쓸 만한 방법인가? 나는 잘 모르겠다. 듣는 남자가 기분 나쁘다고? 그건 문제가 안 된다. "여성인 내가 이런 이야기를 들으면 기분이 얼마나 더러울지, 남성인 네가 직접 겪어보라"는 것이 원래 목적이기 때문이다. 미러링이 효과가 있을까? 사람마다 의견이 다르리라. 깨닫기는커녕 남자들은 자기가 욕을 먹었다는 사실만 기억할 것이라는 의견도 있다. 성난 남자들은 '페미나치'나 '남성혐오' 같은 신조어까지 만들어가며 자기들이 피해자라고 주장하기도 한다. 우리야말로 피해자라니, 이 역시 자주 보던 모습이다. (한편으로 미러링은 남성들을 가르치려는 것이 아니라 여성들이 스스로 차별을 인식하는 도구라는 의견도 있다.)

결론을 내기 어려운 논쟁이다. 앞으로 어떻게 될까? 나는 정답을 모른다. 그래도 역사를 버르집으면 대략의 방향은 알 것 같다.

성난 여자들이 남자 경찰을 두들겨 패는 장면. 매 맞는 여성의 현실을 고발하는 미러링인가? 21세기 인터넷 시대의 '남성혐오'를 꼬집는 그림인가? 아니다. 20세기 초에 남성들이 만든, 여성주의를 비난하는 선전물이다. 100년 전 여성들은 무슨 이슈로 싸웠나? 여성에게도 남성과 같은 투표권을 달라고 투쟁했다. 오늘날은 너무나 당연한 권리다. 그런데 100년 전 남자들은 이 요구가 지나치다고 생각했고, 자기네가 드센 여자들한테 두들겨 맞는 피해자라고 주장했다.

　여성 참정권운동가들이 오늘날 기준으로 봐도 과격한 투쟁을 한 건 사실이다. 당시에도 그 문제로 꼬투리 잡는 남자들이 많았

20세기 초 여성 참정권운동에 반대하며 미국에서 발매된 엽서.

1909년 미국에서 발매된 여성 참정권에 반대한다는 엽서 시리즈 가운데 하나.

을 것이다. "내용이 어떻든 방식이 저러면 지지를 받을 수 없다" 라며 점잖게 훈수 두는 남자도 있었을 터. 그러나 100년이 지난 지금, 여론의 향방은 어떻게 바뀌었나? 앞으로 100년이 지난 다음에는 어떻게 될까?

위 그림은 어떤가. 남성들도 가사노동에 전념해보라는 미러링 이미지인가? 아니다. 역시 20세기 초에 남자가 그린 반여성주의 선전물이다. 여성 참정권이 실현되면 여자들이 투표하러 간 동안 남자들이 집에서 아이를 보게 된다며, 억울한 피해자라도 된 것처럼 징징댄다.

이 말은 어떨까. "성평등을 넘어 이미 여성이 우월한 세상이 왔다"는 주장. 100년 전 선전물의 글귀일까? 아니다. 최근 어느 정치인이 했다는 말이다. 100년 후 사람들이 보면 한심해할 것이다. 100년 전 반여성주의 선전물을 오늘날 어이없게 느끼는 것과 마찬가지로.

나는 스스로가 페미니스트라고 생각해본 적이 없다. 그래도 내기를 걸라면 이 오랜 논쟁에서 반여성주의가 진다는 쪽에 나는 걸겠다. 이 오랜 세월 동안 현실과 동떨어진 말만 반복하는 쪽이 이길 것 같지는 않으니 말이다.


## : 아마조네스의 신화와 진실

신화 속 영웅 헤라클레스는 한동안 아마조네스 여왕 옴팔레의 종살이를 했다. 사람 죽인 죄를 씻으려면 그렇게 하라고 신이 시켰기 때문이다. 루벤스가 이때의 일을 그린 그림이 있다. 수많은 괴물을 물리친 헤라클레스지만 실을 바늘에 꿰는 일은 젬병이었다. 옴팔레는 이런 기초적인 가사노동도 제대로 못하느냐고 헤라클레스의 귀를 잡아당긴다.

신화에 따르면 아마조네스의 사회에서는 여성이 남성보다 우월했다고 한다. 아마조네스들은 힘센 전사였다. 이야기 말미에는 대체로 그리스 남자의 손에 살해당하지만 말이다. (옴팔레는 예외인데, 결국 헤라클레스와 결혼한다.)

헤로도토스의 『역사』Historiai 에 따르면 아마조네스 종족의 후손들이 스키티아 남성들과 살림을 차렸다고 한다. 남자도 여자도 나란히 전사가 되는, 성역할이 평등한 사회가 되었다. 이들이 살던 곳은 흑해 연안의 초원 지대. 만화 『원더우먼』Wonder Woman 에 나오는 것처럼 브라질 아마존강 유역은 아니었다.

훗날 고고학자들이 이 지역을 발굴했다. 결과는 의미심장했다. 무덤 주인 37퍼센트가 전투장비로 무장한 여성이었다. 아마조네스는 정말 있었다. 다만 신화처럼 여성이 우월한 사회는 아니었다. 무덤을 쓸 정도로 중요한 지도자 3명 가운데 1명이 여성이었다는 의미다. 그런데 이 정도만 해도 이웃 부족에게는 충격이었나 보다. 그래서 여자만 살아남는 무시무시한 아마조네스 부족의 신화가 탄생한 것 같다. 남자아이가 태어나면 키우지 않았다는 둥, 여성 전사들은 활을 잘 쏘기 위해 한쪽 가슴을 도려냈다는 둥 과장된 이야기가 많다.

오늘날 일부 남성들이 집착하는 피해자 서사도 이렇게 과장된 이야기일 가능성이 크다. 얼마 전 정부는 장관급 인사 3명 가운데 1명을 여성으로 임명하겠다고 약속했다. 그런데 이 정도만 해도 일부 남성은 충격을 받는가보다. "옛날에는 여성이 열등"했는데 "이제 역전이 되었다"는 말을 해 구설수에 오른 어느 공직자가 있다. 이 발언이 여성혐오라는 지적을 받자 이렇게 대답했다나. "그럴 리 없다, 나는 여자가 좋다." 역시 많이 보던 말씀. "너무 예민한 것 아니냐"고 반문한 것은 덤이다.


## : 페르세포네의 납치

왜 여성인권이 한 걸음 나아갈 때마다 자기가 피해자라고 느끼는 남성들이 나타날까. 피해는 원래 여성의 몫이라고 생각해서 그럴까. 여성이 희생자의 위치에서 벗어나는 것만으로도 피해가 자기한테 떠넘겨진다고 믿는지도 모르겠다.

'희생자로서의 여성'은 오래된 스테레오타입이다. 그리스로마 신화는 납치당하는 여자들의 이야기로 가득하다. 여신 페르세포네도 저승의 신 하데스에게 납치당한다. 이야기만 놓고 보면 끔찍한 내용이지만, 본디 어떤 계절에는 농사가 되고 어떤 계절에는 농사가 안 되는 현상을 설명하기 위한 신화였다. 그러나 후세에서 이 '신화'를 즐긴 방식을 보면, 그런 맥락은 간 곳이 없다.

다음은 이탈리아의 조각가 베르니니Gian Lorenzo Bernini 의 작품이다. 바로크미술을 대표하는 작품답게 힘이 넘친다. '관능적'이라는 수식어도 늘 따라붙는다. 부분부분 뜯어 보면 솜씨가 기막히다. 특히 눈에 띄는 곳은 두군데다. 우선 움켜쥔 허벅지. 베르니니는 돌을 깎아 손가락에 눌린 허벅지 피부의 탄력을 표현했다. 그리고 페르세포네의 머리. 머리카락도 자연스럽고 잘 보면 얼굴에 눈물도 흐른다.

허벅지도 눈물도 대단한 솜씨로 만들었다. 대리석 같지 않다.

(위) 잔 로렌초 베르니니, 「페르세포네의 납치」, 1621~22년, 보르게세 미술관.
(아래) 「페르세포네의 납치」(부분).

그런데 사람들은 유독 허벅지의 관능에만 눈길을 보내는 것 같다. 페르세포네의 눈물은 즐거운 마음으로 보기 부담스러워 그럴 것이다.

굳이 여기서 이 작품을 살펴본 이유는, 지금부터 마주칠 흉측한 이미지 때문이다. 여러분에게 미리 사과하겠다.


## : 인종주의와 여성혐오가 만날 때

인종주의의 피해자 서사, 그리고 희생자로서의 여성이라는 스테레오타입이 만날 때, 어떤 망상이 펼쳐질까? 20세기 전반의 심란한 포스터들을 살펴보자.

다음은 나치가 만들었을 법한 선전물. 하지만 그렇지 않다. 나치가 아직 정당다운 정당 꼴을 갖추기 전인 1920년에, 다른 극우파가 만들어 붙인 포스터다. 당시 이미 인종주의자는 많았고, 이들 덕분에 나치가 성장했다. 이때도 하켄크로이츠 Hakenkreuz, 갈고리 십자가를 상징으로 썼다는 점이 흥미롭다. 다만 나치 마크가 아직 사람들 눈에 익지 않았을 때라, 하켄크로이츠의 방향과 각도가 제멋대로다.

남성의 큰 코와 두꺼운 입술. 당시 인종주의자들이 유대인을 묘사하던 방식이다. 곁에 선 '독일의 순수한 여성'. 둘이 결합하면 어떻게 된다는 걸까? 그림 아래에 나온다. 결과는 '독일민족의 죽음'이라는 것이다. (나는 크룩생크 그림 속의 '흑백 반반 아기'가 떠오른다.)

인종주의자 사이에서 당시 돌던 유언비어의 내용은 이렇다. 유대인 남성은 성적으로 탁월해서 독일 남성이 줄 수 없는 쾌락을 주며, 그래서 순진한 독일 여성은 유혹에 넘어갈 것이고, 이렇게 하여 '민족의 순수성'이 파괴된다는 것이다. 터무니없는 소리다. 성적으로 억압된 '찌질이' 남성의 음란한 상상을 보는 것 같다. 그런데 다른 시대 다른 사회에서도 비슷한 이야기들이 유행했다. '유대인'과 '독일인'의 자리에 온갖 민족이 다 들어갔다.

나치의 혈맹이던 이탈리아의 파시스트들은 2차대전에 뛰어들었다가 강력한 미군과 맞닥뜨렸다. 미군과 빨치산에 패하고 달아나던 이탈리아의 무솔리니 정권은 전쟁 막판인 1944년에 이런 포스터를 만들어 붙였다. 아프리카계 미국인은 음란한 욕망을 주체하지 못하는 가해자로, 이탈리아 사람은 희생당하는 여성으로 그려놓았다. 인권이라는 관점에서 볼 때, 가장 안 좋은 스테레오타입을 골라 조합한 셈이다. 어차피 인권에 관심 없는 파시스트 정권이었지만.

이런 엿보는 듯한 눈길을, '관음증적 시선'이라고 부른다. 공공장소에서 눈길은 확실히 끌었으리라. 포스터에 적힌 글귀는 이런 뜻이다. "지키라! 네 어머니, 네 아내, 네 누이, 네 딸일 수도 있다." 글과 그림이 엮이니 선정성이 더욱 극대화된다.

더 불쾌한 사실 한 가지. 이 포스터가 이탈리아 극우파에 의해 최근 부활했다고 한다. 문구만 살짝 늘었다. "지키라! 새로운 침략으로부터. 네 어머니, 네 아내, 네 누이, 네 딸일 수도 있다." 새로

(위) 1920년경 독일에서 만들어진 반유대주의 포스터.
(아래) 1944년 이탈리아에서 만들어진 선전 포스터.

운 침략이란 무엇을 가리킬까. 동성애와 이민 정책에 반대하던 극우파의 평소 주장에 비추어볼 때, 굳이 말하지 않아도 뻔하다.

이 그림 역시 2차대전 때 이탈리아의 포스터. 무어라 적혀 있을까. 뜻만 보자면 "해방자의 자유"다. 그런데 이탈리아어로 '해방자들'liberatori과 '자유'liberta라는 단어가 비슷하다. 말장난을 살려 "'해방자'가 '해방'되다!"라고 옮겼다. 해방자의 욕정이 해방되었다는 뜻일까. 비아냥거리려는 의도는 알겠는데, 효과는 모르겠다. 파시즘 시대에는 자유라는 말이 별로 좋은 뜻이 아니었으려나. 이 포스터 역시 인종주의와 여성혐오의 스테레오타입이 조합되어

1944년 이탈리아에서 만들어진 선전 포스터. "'해방자'가 '해방'되다!"라고 쓰여 있다.

있다.

도상은 흥미롭다. 앞서 살펴본 베르니니의 작품을 차용했다. 당시 이탈리아 사람들은 이 포스터가 어떤 작품을 가져다 쓴 것인지 바로 알아차렸을 것이다. 납치당한 페르세포네는 살아 있는 여성으로도 보이고 대리석 조각으로도 보인다. 미군 병사는 이탈리아 여성을 납치하는 사람일 수도 있고, 고귀한 가치도 모르는 채 유럽의 문화유산을 강탈해가는 침략자일 수도 있다. 이 포스터의 주장에 따르면 그렇다.

'유럽의 문화유산을 몰라보는 미국의 흑인'이라는 스테레오타입은 다른 포스터에도 등장한다. 역시 2차대전 중 이탈리아에서 만들어진 포스터를 보면 아프리카계 미국 병사가 「밀로의 베누스」에 "2달러"라고 써놓고 웃는 모습이 그려져 있다. 얼굴도 짐승처럼 그렸다. '고대 문명 최고의 걸작이 단돈 2달러라니.' 물론 극우 파시스트 정권의 선동에 넘어간 이들이나 이렇게 생각할 것이다. 당시 이탈리아 사람한테도 먹히지 않던 선전이다. 무솔리니를 쫓아내고 싶은 사람들이 들고 일어나 빨치산이 되었으니 말이다.

전쟁 동안 비열한 선전을 했다고 비난해봤자 동의하지 않는 사람도 있으리라. 전쟁 중에는 이보다 나쁜 짓이 수두룩하게 일어나지 않느냐고 할 수도 있다. 그렇다고 해도 방금 살펴본 이탈리아의 포스터는 너무 심했다. 이 점은 승전국인 미국도 크게 다르지 않았다.

2차대전 중 미국의 선전 포스터 중에는 일본인을 스테레오타입대로 묘사한 것들이 많다. 눈, 수염, 이빨, 코, 광대뼈, 엉거주춤한 자세 등 일본인에 대한 그릇된 인상을 그림으로 표현한 것이다. 그리고 이런 문구를 포스터에 썼다. "적이 이렇다." 어떤 포스터에서 일본 군인은 어깨에 벌거숭이 백인 여성을 둘러메고 있다. 이탈리아 포스터와 나란히 놓고 보면 의미를 유추하기란 쉽다. 적에 대한 증오와 특정 인종에 대한 차별을 부추기려는 목적이 뚜렷하다.

아시아에서 온갖 만행을 저지르던 일본군이 부정적으로 나온다고 한국 사람이 기뻐할 일도 아니다. 포스터에 담긴 미국의 인종주의적 시각은 해방 이후 우리에게로 방향을 틀었다. 한국전쟁 때 남북한 사람이 겪은 일이 이러한 인종주의와 무관하다고 딱잘라 말하기는 어렵지 않을까.


## : 남자도 여성주의자가 될 수 있을까

이제부터 민감한 이야기다. 요즘 한창 뜨거운 주제, "남자도 여성주의자가 될 수 있는가" 하는 문제다.

어떤 남자들은 여성주의에 반발한다. 남자가 피해자라고 믿기 때문이다. 이 사람들 주장에 동조할 필요는 없을 것 같다. "이것은 여성혐오가 아니"라는 말도 심각하게 고민할 문제는 아니다.

그런데 어떤 남자들은 다른 이유로 불편해한다. "우리는 모든 차별에 반대한다. 여성혐오에 맞서는 싸움을 돕고 싶은데, 우리가 남자라는 이유로 다른 편처럼 대한다"며 섭섭해하는 것이다.

나도 이 문제에 대해 궁금했다. 그래서 책도 찾아보고 주위의 여성에게도 물어보았다. "여성주의 쪽에서도 좋은 일 아닐까, 더 많은 남성과 연대할 수 있다면?" 돌아온 대답은 이랬다. "남자들이 걱정해줄 문제는 아니다."

남자들에게는 이상한 습관이 있다. 자기가 남성이기 이전에 '보편적 인간'이라고 생각하는 습관이다. "세계 평화를 위해 '우리'는 무엇을 할까?" 묻는 남자에게, 버지니아 울프 Virginia Woolf 는 대답 대신 이렇게 되물었다. "당신은 왜 '우리'라고 말하는가?"

어쩌면 남자들은 '백마 탄 기사'라는 스테레오타입에 묶여 있는지도 모른다. 어떤 남자는 여자에게 기사 역할을 빼앗길까 불안해하다 여성혐오에 빠진다. 반면 어떤 남자는 여성혐오라는 괴물에 맞서 여자를 돕고 싶어한다. 하지만 여자들 눈에는 이 역시 백마 탄 기사 역할놀이로 보이지 않을까.

다음은 성 게오르기우스 Georgius 가 용을 물리치고 공주를 구하는 장면. 르네상스의 괴짜 화가 우첼로 Paolo Uccello 의 작품이다. 우첼로의 그림은 매력 만점이다. 늘 범상치 않은 구석이 있다. 게오르기우스의 뒤로 몰려오는 먹구름도 특이하고, 묶여 있는 공주도 흥미롭다. 꽁꽁 묶여 구원을 기다리는 본새가 아니다. 어찌나 여유로워 보이는지, 마치 용에 목줄을 채워 산책이라도 시키는 것 같다.

오히려 꽁꽁 묶인 듯 보이는 쪽은 게오르기우스다. 용을 물리치

파올로 우첼로, 「성 게오르기우스와 용」, 1470년경, 런던 내셔널갤러리.

고 공주를 구해야 한다는 역할에 단단히 붙들려 있다. 하지만 그럴 필요는 없었을 터이다. 우첼로가 그린 공주한테는 백마 탄 기사가 필요 없어 보인다. 여성을 도와주려고 남성이 애쓰지 않아도 된다. 백마 탄 기사의 스테레오타입이 불편한 남성이라면, 스스로를 구하기 위해 노력하면 된다. 고정된 성역할을 벗어나기 위한 싸움이, 크게 보면 여성혐오에 맞서는 싸움이기도 하다. 여성들의 대답을 나는 이렇게 알아들었다. 내가 잘못 생각했을 수도 있지만.

나의 사상과
타인의 신앙

## : 원칙은 쉽지만 들어가면 어렵다

신앙의 자유! 말하기 어려운 문제다. 원칙은 쉽다. '세계인권
선언'의 제2조에 따르면 종교 때문에 사람을 차별하면 안 된다.
제18조는 종교를 바꿀 자유와 자기 종교를 표명할 자유를 보장한
다. 그런데 사안별로 들어가면 무척 어렵다.

앞서 우리는 노먼 록웰의 '네가지 자유' 연작 가운데 「연설의
자유」를 살펴보았다. 록웰은 「신앙의 자유」라는 작품도 그렸다.

처음에 록웰은 이발소의 한 장면을 그리려고 했다. 시안은 이랬
다. 이발사는 아프리카계 미국인이다. 수염을 풍성하게 기른 매부
리코 유대인을 면도한다. 기다리는 손님은 가톨릭 사제의 옷을 입
었다. 이 사람들이 자유롭게 대화를 나누는 그림이다.

무슨 의미냐고? 하나씩 따져보자. 유대인은 유대교, 사제는 가톨릭, 아프리카계 이발사는 개신교를 믿는다. 다양한 종교의 신자들이 어우러져 대화를 나누다니, 신앙의 자유가 느껴지지 않는가?

종교적 관용을 표현하려 한 점은 좋았다. 하지만 주제가 잘 드러나지 않았다. 이야기하는 내용이 종교인지 날씨인지 최신 헤어스타일인지, 그림만 봐서는 알 수 없었다. 동영상이나 만화면 모를까, 대화 내용까지 드러내기에 회화라는 매체에는 한계가 있다. 남성만 등장한다는 점도 (여성이 배제되었다) 유대인을 매부리코로 그린 점도 (스테레오타입이다) 아쉬운 점이었다.

그래서 록웰은 시안을 엎고 새로 그렸다. 얼핏 보면 따분한 그림이다. 다 함께 기도하는 모습일 뿐이니까. 하지만 구석구석 뜯어보면 다채롭다. 다양한 종교와 민족이 그림에 담겨 있기 때문이다. 오른쪽 아래의 남자는 유대교 신자, 가운데 노년 여자는 개신교, 묵주를 손에 쥔 왼쪽의 여자는 가톨릭. 록웰이 오늘날 이 작품을 다시 그린다면 이슬람교와 불교 역시 그림에 넣을지 모른다.

그래도 시안보다 재미는 없다. 앞서 살펴본 「연설의 자유」만큼이나 지루한 그림이다. 이 사람들은 왜 하나같이 경건하고 경건하고 또 경건할까. 재치꾼 록웰이 왜 이렇게 심심한 그림을 그렸을까? 고민이 많았기 때문이다. "종교란 극히 민감한 주제다. 너무 많은 사람이 너무 쉽게 마음 상할 수 있다." 이 작품에 대해 록웰이 남긴 말이다.

천하의 노먼 록웰도 종교의 자유에 대해 어떻게 그려야 할지

노먼 록웰, 「신앙의 자유」,
1943년, 노먼 록웰 박물관.

답이 안 나와 고민했다. (그리고 이렇게 밋밋하게 그렸다.) 그러니 이 문제에 대해 답이 안 나오는 질문만 내가 계속 던지더라도, 여러분이 양해하고 함께 고민해주길 바란다.


## : 혐오와 반박의 애매한 기준

자기가 믿는 종교 때문에 박해받지 않을 권리에 대해 생각해보자. 꼭 쫓겨나거나 목숨을 잃어야만 박해는 아니다. 험담을 당하고 유언비어에 시달리는 것도 차별이다. 외래 종교나 신흥 종파는 이런 일을 당해도 하소연하기 힘들다. 왕따를 당하는 일도 많다. 신흥 종파인 예수 그리스도 후기성도교회, 이른바 '모르몬Mormon 교'가 19세기 말에 이런 일을 당했다. 세계적인 베스트셀러에 악역으로 출연한 것이다.

셜록 홈스Sherlock Holmes 시리즈의 첫 장편 『주홍색 연구』A Study in Scarlet. 단편보다 나중에 나왔다. 그러나 홈스와 왓슨이 처음 만나는 장면이 나오기 때문에 마치 첫번째 작품 같은 느낌이다.

이 책을 보고 괴짜 홈스의 매력에 빠진 독자들은 소설에 나오는 말을 사실로 받아들이기도 한다. (그럴 만하다. 홈스가 실제로 존재하는 사람이라 믿는 사람도 있다.) 이 작품 때문에 미국의 모르몬교단을 악의 소굴처럼 여기는 사람이 생겼다. 작가 코넌 도일은 뜬소문을 듣고 소설 뒷부분을 썼는데, 하필 이 작품이 '대박'이 난 것이다. '모르몬' 쪽 사람이라면 두고두고 억울할 일이다.

오늘날 인정받는 종교들도 처음 등장할 때는 환영받지 못했다. 기독교 역시 박해받았다. 외려 험한 꼴을 당하면 자랑으로 삼기도 했다. 중세 기독교의 전설을 보면 순교하는 방법도 가지가지. '정말 이렇게까지 박해받았을까?' 의심스러운 전설도 등장한다. 5세기의 성인 에라스무스Erasmus는 창자가 뽑혔단다.

「성 에라스무스의 순교」. 네덜란드 화가 디르크 바우츠Dirk Bouts가 15세기에 그렸다. 피도 안 보이고 창자도 가늘다. 꼭 국수 뽑는 장면 같다. 화가가 너무 잔인한 장면은 그리기 싫었을까? 그래도 이 그림을 볼 때마다 나는 배꼽이 따끔따끔하다. (굳이 창자를 사실적으로 그린 화가도 있다. 악몽을 꾸고 싶은 분은 같은 주제를 다룬 니콜라 푸생의 작품을 찾아보길 권한다.)

그래서 새롭거나 낯선 종교와 마주칠 때, 나는 선뜻 비웃지 못하겠다. 그 종교의 지옥에서 영원히 고통받을까 두렵지 않은가. (농담이다.) 혐오표현보다는 관용과 존중을 보이는 것이 더불어 사는 예의일 것 같다.

그렇다고 모든 신앙을 존중할 수도 없는 노릇이다. 사회에 좋지 않은 영향을 주는 종교도 있으니까. 예컨데 199X년이나 201X년에 세상이 멸망한다고 떠들던 종말론 교단은 어떻게 봐야 할까? 모든 일을 외계인과 관련되어 있다고 해석하는 외계인 종교는?

이를테면 다음 그림은 어떻게 해석해야 할까? 이탈리아 화가 벤투라 살림베니Ventura Salimbeni가 그린 벽화의 윗부분이다. 비둘기, 젊은 남자, 나이 든 남자 사이에 범상치 않은 물체가 보인다.

벤투라 살림베니, 「성체의 논의」(부분), 1600년경, 산로렌초 성당.

이 시대 미술에 익숙한 사람이라면 이 그림을 이렇게 읽으리라. 비둘기는 성령, 젊은 남자는 성자, 나이 든 남자는 성부, 기독교 교리의 삼위일체를 상징한다고 말이다. 손에 쥔 막대는 왕홀, 둥근 물체는 천구다. 우주를 다스리는 삼위일체의 신을 그린 것이다.

그런데 외계인 종교를 가진 사람은 다르게 해석한다. '둥근 물체에 긴 다리가 달린 모습이, 영락없이 인공위성 스푸트니크Sputnik 다. 천국에 우주선이 있다니 어떤 의미일까? 어쩌면 신이 곧 외계인인 것은 아닐까?'(살림베니의 작품은 외계인의 존재를 믿는 사람들 사이에서는 '중요한' 작품이라고 한다.) 이러한 주장은 어떻게 받아들여야 할까.

남의 종교에 대해 혐오표현을 하면 안 된다. 그런데 어떤 종교는 받아들이기 힘든 주장을 한다. 반박하지 않을 수 없다. 하지만 그 종교의 신자라면, 정당한 반박도 혐오표현으로 받아들이지 않을까? 혐오표현과 정당한 반박을 가르는 기준은 무엇일까? 그 기준은 누가 정해야 하나?


## : 박해와 인종주의

낯선 종교를 비판할 때 조심해야 할 일이 있다. 스스로 끊임없이 물어야 한다. "내가 저 종교를 나쁘게 보는 이유가 혹시 인종주의 때문은 아닐까" 하고 말이다.

북아메리카와 남아메리카 사이, 마야Maya 와 아스테카Azteca 문명이 발전했던 지역을 메소아메리카Mesoamerica 라고 부른다. 한때 이 지역 원주민들은 무서운 종교를 가지고 있었다. 사람을 산 제물로 바친 것이다. 이 끔찍한 장면을 오로스코José Clemente Orozco 가「옛날의 인신공희人身供犧」라는 생생한 벽화로 그렸다.

사람 목숨을 빼앗는 종교가 좋은 종교일 리는 없다. 그렇다고 "그런 문명은 멸망당해도 싸다"는 주장에 맞장구칠 수도 없다. 메소아메리카에 쳐들어온 유럽 침략자들이 이 지역의 옛 종교를 핑계 삼아 자기들이 저지른 학살을 정당화하려 했기 때문이다.

오로스코는 옛 종교를 비난하려고 이 그림을 그린 것이 아니다.

호세 클레멘테 오로스코,
「아메리카 문명의 서사시: 오늘날의 인신공희」,
1932~34년,
다트머스 대학교 후드 박물관.

오로스코는 20세기 멕시코 벽화운동을 이끈 화가다. 메소아메리카의 원주민 문화가 멸망당한 사실에 마음이 아팠고, 백인들이 주도한 근현대의 역사도 달갑지 않았다.

오로스코는 「옛날의 인신공희」 맞은편 벽에 짝을 이루는 그림을 그렸다. 「오늘날의 인신공희」라는 작품이다. 백골만 남은 병사. 깃발과 화환에 덮여 있다. 악대는 나팔을 불며 애국자의 죽음을 기린다. 어떤 사람에게는 감동적인 장면이리라. 하지만 오로스코가 보기에는 마뜩지 않다. 오로스코는 묻는다. "오늘날의 국가주의가 젊은이의 희생을 요구하는 것은, 옛 종교가 사람을 산 제물로 바치던 것과 과연 다른가?"

그렇다면 오늘날 사람이 옛 종교를 마냥 비웃을 수도 없을 것 같다. 특히 옛 종교를 믿던 집단이 인종주의의 피해자라면 더욱 그러하다. 하지만 오늘날의 국가주의에 대해, 옛날의 저 종교에 대해, 오로스코와 다른 생각을 하는 사람도 많을 것이다. 내 생각은 어떤가? 잘라 말하기가 힘들다. 인신공희하던 종교를 편들 수는 없다. 그렇다고 욕하자니 인종주의의 혐의가 짙어서 싫다. 고민이 계속될 듯하다.


## : 최악의 집합체, 마녀재판

종교 문제, 여성혐오, 인종주의가 만나면? 마녀재판은 가장 나쁜 사례일 것이다.

앨프리드 프레더릭스, 「티투바와 아이들」,
윌리엄 브라이언트·시드니 하워드 게이의 『쉽게 쓴 미국역사 2』, 1878년, 뉴욕.

서유럽과 미국에서 수만명 또는 수십만명의 여성이 목숨을 잃
었다. 가톨릭에서 많이 죽였다고 알고 있지만 개신교 역시 못지않
았다. 어떤 이는 똑똑하다고 죽고 어떤 이는 둔하다고 죽었다. 다
양한 희생자들의 공통점은 뭘까. 서양 남성들이 가진 여성에 대한
스테레오타입에 들어맞지 않았다는 점일 것이다.

가장 악명 높은 사건은 1692년 미국의 세일럼Salem 재판이다.
당시 세일럼 마을은 영국의 식민지였다. 청교도 새뮤얼 패리스
Samuel Parris는 영국에서 태어나 카리브해의 바베이도스Barbados에
서 살다가 세일럼에 정착했다. 이 집에 티투바Tituba라는 노예가
있었다. 바베이도스에서 데려온 원주민 여성이었다.

1692년 초 패리스 집안에 우환이 겹쳤다. 세일럼 사람들은 몇 해 전에도 아일랜드에서 온 여성을 마녀로 몰아 처형한 일이 있다. 여성혐오에 인종주의까지 범벅이 됐다. 바베이도스에서 온 티투바는 좋은 표적이었다. 마녀로 체포되자 티투바는 살기 위한 선택을 했다. 세일럼 사람들이 바라는 대로 자기가 마녀라고 자백(?)하고 다른 마녀들의 이름까지 털어놓았다. 이민족 여성에 대한 스테레오타입에 맞춰준 것이다.

티투바는 목숨을 건졌지만 이 일로 세일럼 마을에서만 25명이 목숨을 잃었다. 5명은 감옥에서 숨졌고, 20명은 처형당했다. 처형당한 사람 가운데 여성은 14명. 미국사 최악의 사건 가운데 하나로 꼽힌다. 신앙의 자유를 찾아 바다를 건너온 사람들끼리 일으킨 사건이라는 점에서 더욱 뒷맛이 쓰다.


## : '날아다니는 스파게티 괴물'

독실한 신자라는 말은 한때 칭찬이었다. 요즘 세상은 복잡해졌다. 생각이 다른 사람과 어울려 살아야 한다. 자기 종교만 열심히 믿다가는 말썽이 일어나는 세상이다.

종교 근본주의는 세계 곳곳에서 말썽을 일으킨다. 이슬람 근본주의자 가운데 테러리스트가 있다고 악명이 높지만, 미국에서 일어난 테러를 보면 기독교 근본주의자도 만만치 않다. 최근 미얀마에서 일어난 로힝야Rohingya족 인종청소 사태는 일부 불교도가 앞장섰다.

사람을 죽이고 다니는 것은 아니지만 현대과학을 상대로 시비를 거는 일도 문제다. 진화론에 맞서 창조론이나 지적설계론을 주장하는 근본주의자들이 있다.

요즘에는 노골적으로 창조론을 주장하는 경우는 많지 않다. 최근 유행은 지적설계론이다. 19세기 초에 영국의 성직자 윌리엄 페일리William Paley는 복잡한 시계에 시계를 설계한 사람이 있듯 복잡한 생물에도 지적인 설계자가 있다고 주장했다. "세계는 신이 창조했다"고 말하면 빈축을 살 테니, "세계에 설계자가 있다면 그 설계자가 누구냐"고 묻게 유도하려는 속셈이었다.

지적설계론은 1990년대부터 미국의 기독교 근본주의자들 사이에 널리 퍼졌다. 그런데 2005년에 맞수가 등장했다. 패러디 종교인 '날아다니는 스파게티 괴물교'이다. 지적설계론의 구조를 베끼고는, 창조주의 자리에 '날아다니는 스파게티 괴물'Flying Spaghetti Monster을 집어넣었다. "세계의 설계자가 누구냐"고 묻는 지적설계론자의 주장에, "그분의 정체는 날아다니는 스파게티 괴물"이라고 대답해 딴지를 거는 것이다.

날아다니는 스파게티 괴물교는 처음에 지적설계론을 웃음거리로 만들기 위해 등장했다. 미켈란젤로가 그린 「아담의 창조」를 패러디한 작품은 인터넷에서 인기를 모았는데, 창조론을 비꼬고 있다. 요즘은 이런저런 종교 근본주의에 두루 딴지를 건다. 이들의 '교리'는 기독교 근본주의를 패러디한 것이다. 최근에는 '신자'들이 머리에 파스타 삶는 체를 쓰고 공공장소에 나타나기도 한다. 여성에게 머리쓰개를 강요하는 이슬람 근본주의를 비아냥거리는 것 같다.

어떤 사람은 종교에 대한 모욕으로 생각할지도 모르겠다. 이 정도는 다양성 존중 차원에서 괜찮다고 생각한다. 유쾌하지 않은가? 지금까지는 건전해 보인다.

그런데 세상에는 남의 종교에 대한 심각한 혐오표현도 존재한다. 이 문제에 있어서도 혐오표현과 풍자와 건전한 비판 사이의 경계가 뚜렷하지 않다. 심각한 주제로 넘어가자.

니클라스 잰슨,
미켈란젤로의 「아담의 창조」 패러디, 2016년.

## : 샤를리 에브도 사건과 세가지 생각

2015년 1월, '샤를리 에브도 Charlie Hebdo 사건' 때문에 세계가 놀랐다. 무함마드를 조롱하는 만평을 실었다는 구실로 주간지 「샤를리 에브도」의 사무실이 테러리스트의 습격을 받아 12명이 죽고 10명이 부상을 입었다. 나는 충격을 받았다. 희생자를 애도했다. 그리고 세가지 생각을 했다.

첫번째로 든 생각은 "저런 이유로 사람을 죽이면 안 된다"였다. 남의 일처럼 여겨지지 않았다. 나는 평소 「샤를리 에브도」의 만평이 재수없다고 생각한다. 하지만 내 직업이 만화가다. 만화 때문에 만화가가 목숨을 빼앗기다니, 슬프고 화가 났다.

두번째로 나는 무함마드를 그린 그림들을 떠올렸다. 이 사건 전후에 '무슬림들은 예언자 무함마드의 얼굴을 결코 그리지 않는다'는 이야기가 돌았는데, 사실 무슬림도 무함마드를 그렸다. 무함마드의 얼굴을 묘사한 옛날 그림이 제법 있다.

다음 작품은 예언자 무함마드가 천사 지브릴 기독교에서는 가브리엘을 처음 만나는 장면이다. 이교도들이 그린 그림이 아니다. 14세기 초 페르시아 오늘날 이란의 수사본 手寫本이다. 무함마드를 그리지 않는 것이 원칙이지만, 이 지역 화가들은 때때로 얼굴까지 그리곤 했다. 보통은 얼굴에 베일을 씌워 그리는 일이 많았지만.

무함마드를 그리면 안 된다는 원칙은, 무함마드가 '신성불가침'이라서 그리지 말라는 뜻이 아니다. 예언자라고는 해도 무함마드 역시 인간일 뿐인데, 그 모습을 그리면 사람들이 우상을 섬기듯 숭배할까 염려된다는 것이다. 그래서 이슬람미술에서는 무함마드를 멋있게 그리는 대신, 그의 이름을 아랍 글자로 멋있게 쓰는 서예가 발전했다.

드물긴 해도 무슬림 화가 역시 무함마드를 그렸고, 잡혀 죽지도 않았다. 그런데 지금은 왜 사정이 달라졌는가. 서양 사람이 무함마드의 얼굴을 그리는 일을 무슬림은 혐오표현으로 느낀다. 테러리스트와 상관없는 사람도 비슷한 마음인 것 같다. 어째서일까? 어쩌면 그동안 끊임없이 서양 사람들이 무함마드를 모욕해온 기억이 남아 있기 때문은 아닐까? 이것이 내 세번째 생각이다.

/

작자 미상, 천사 지브릴에게서 첫 계시를 받는 무함마드, 라시드 알 딘의 『집사(集史)』, 1307~14년, 에든버러 대학교 도서관.

단테는 서사시 『신곡』에서, 기독교 지옥의 한가운데에 무함마드를 집어넣었다. 무함마드는 영원히 지옥을 방랑하며 몸통이 쪼개지는 고통을 벌로 받아야 한다. (그림 아래쪽 몸통이 갈라진 채 내장을 드러내 보이는 인물이 무함마드. 위에서 내려다보는 이가 단테 일행.) 『신곡』의 다른 구절을 읽어보면 단테가 무슬림을 혐오하기만 하는 사람은 아니었다. 단테의 원래 의도가 무엇이었건 서양 사람들은 수백년 동안 예언자 무함마드의 몸통을 쪼갠 그림을 보며 즐겼고, 이것을 무슬림은 모욕으로 느꼈을 터이다. 그리고 이러한 일은 한두가지가 아니었다.

「샤를리 에브도」는 세상 모든 일에 조롱을 퍼붓는 매체였다. 굳이 말하자면 우리가 앞서 살펴본 도미에보다 크룩생크에 가까운, 아니 크룩생크보다 한술 더 뜨는 잡지랄까. 2016년에는 지진에 희생된 이탈리아 사람들을 '토마토 소스에 버무린 파스타'로 묘사해 사람들의 분노를 산 일도 있다. (건물 잔해에 켜켜이 묻힌 시신들을 "라자냐"라고 조롱하며 낄낄대는 잡지다.) 인권감수성이 조금이라도 있는 사람이라면 「샤를리 에브도」를 좋아할 수가 없다. 이 잡지가 무함마드를 그린 일 역시 표현의 자유를 위해서라기보다 혐오표현과 인종주의로 세상의 관심을 끌기 위해서였을 것이다.

하지만 아무리 그래도 창작자를 쏴 죽이면 안 된다. 전세계에서 테러에 반대하는 시민들이 "나는 샤를리다"라고 선언을 하는 운동이 있었다. 나도 소극적으로나마 지지를 보냈다, 씁쓸하긴 했지만.

귀스타브 도레, 지옥에 빠진 무함마드,
단테의 『신곡』, 1861년.

## : 이슬라모포비아가 인종주의·여성혐오와 만났을 때

'이슬라모포비아'Islamophobia 라는 말이 있다. 호모포비아라는 말을 동성애 혐오로 번역하는 걸 보면, '이슬람 혐오'쯤으로 옮길 수 있겠다. 이슬라모포비아는 오늘날 전세계에서 극단주의 세력의 자양분이 되고 있다. 이슬람 세계 바깥에서는 물론이고, 이슬람 세계 내부에서도 그러하다. 이 말이 무슨 뜻인지 살펴보자.

다음 그림은 스위스국민당이 만든 포스터다. 어느덧 눈에 익지 않은가? 이번에도 눈에 잘 띄는 검은색, 흰색, 붉은색이다. 20세기 초에는 독일 극우파의 상징색이었다. 그래서 나치 깃발도 이 색을 썼다. 스위스국민당이 이 사실을 모르고 색을 골랐을 리는 없다.

독일 『슈피겔』Der Spiegel 에 따르면, "1960년대와 1970년대에 취리히와 제네바에 모스크이슬람 사원를 지을 때에는 정치인들이 환영했다. 시민들이 교양 있고 열린 마음을 가진 징표라고 하면서 말이다." 그런데 2009년에는 "시대가 변했다." 정치권은 '이슬람 사원 신축 금지'를 국민투표에 부쳤다. 그때의 포스터다.

이렇게 적혀 있다. "(신축을) 멈추라! 미나레트minaret 금지에 찬성을." 미나레트는 이슬람 사원에 세우는 첨탑이다. 전부터 스위스 극우파는 뾰족뾰족한 미나레트를 유럽을 공격할 미사일에 비유해왔다. 자기네가 공격당한다는, 뻔한 피해자 서사다. 시커먼 미나레트와 시커먼 머리쓰개는 아무리 봐도 혐오표현. 그런데 이 선전이 스위스에서 먹혔다. 2009년 투표에서 극우파가 승리한 것

2009년 미나레트 신축 금지에 대한 국민투표를 앞두고 스위스국민당에서 만든 투표 장려 포스터.

이다.

　미국에서도 이슬라모포비아가 먹힌다. '무슬림 때리기'는 트럼프의 주요 선거전략이었다. 대통령이 인종주의를 부추기는 상황에 2017년 초에는 대규모 항의 시위가 있었다. 그때 많은 시민들이 '위 더 피플'We The People 포스터를 들고 거리에 나왔다. '위 더 피플'은 미국 헌법 첫머리의 세 단어. 뜻은 '우리 국민은' 정도지만, 어감을 살려 옮기기 마땅치 않아 그냥 적었다. 연작 가운데 가장 유명한 포스터는 한 여자를 그린 것이다.

　이 포스터는 단숨에 눈길을 사로잡는다. 원더우먼처럼 당당한 표정의 여자, 머리에 두른 성조기. 미국 국기를 무슬림 여자들이 쓰는 '히잡'처럼 사용했다. 미국과 이슬람, 이 두가지가 우리의 머릿속에서 충돌한다. 무슬림도 미국사회의 당당한 일원이니 차별하지 말라는 메시지다. (저작권 때문에 책에는 수록하지 못하지만 한번쯤 찾아보길 바란다. https://amplifier.org/wethepeople에서 볼 수 있다.)

포스터를 디자인한 셰퍼드 페어리 Shepard Fairey는 그라피티 작업을 하던 거리의 미술가 출신으로 버락 오바마의 얼굴이 담긴 「희망」 HOPE이 대표작이다. 이 작품의 디자인이며 색상이 「희망」과 꼭 닮은 이유다.

어떤 사람은 '미국은 좋은데 무슬림은 싫다'며 거북해할 것이다. 잘됐다. 이런 사람들 불편하라고 만든 작품이니.

그런데 어떤 사람은 '무슬림은 좋은데 히잡이 싫다'며 항의할 수도 있다. 특히 무슬림이면서 여성주의자인 사람들이 불만이다. 무슬림 여성의 자기결정권을 옹호하여 히잡을 강요하는 분위기에 맞서 싸우던 참에, "이 작품 때문에 맥이 풀린다"고 털어놓기도 했다.

그렇다고 모든 무슬림 여성이 히잡에 반대하는 것은 아니다. 무슬림 아닌 서양 사람들이 히잡으로 트집 잡는 일이 워낙 많으니, 오히려 히잡을 쓰겠다고 자청하는 분위기도 있다. 논의 지형이 복잡하고 또 복잡하다.

무슬림 여성으로 자란 사람도 혼란스러운가보다. 세라 메이플 Sarah Maple은 이란계 영국인 작가다. 본인의 말에 따르면, 어려서 신실한 무슬림으로 자랐다고 한다. 작품을 보면 지금은 아닌 것

세라 메이플, 「블루, 배지, 부르카」, 2007년.

같다. 세라 메이플의 자화상들은 정체성의 혼란을 보여준다. 부르카를 입은 자화상을 표방했지만, 각종 배지와 손에 든 잡지는 정반대의 상황을 보여준다. 다른 작품은 더 노골적이다. 2008년에는 부르카를 쓰고 "나는 오르가즘이 좋아요"라는 뱃지를 단 자화상도 그렸다. 어떤 작품은 히잡을 쓴 채 새끼 돼지를 안고 있는데, 이 작품 때문에 2008년 전시를 망칠 뻔했다고 한다. 분노한 무슬림 남성들의 항의가 빗발쳤다나. 돼지고기를 금지하는 이슬람의 율법을 조롱하는 것처럼 보였나보다.

히잡을 어떻게 보아야 하나? 히잡을 쓰자는 사람은 어느 쪽일까, 여성혐오에 빠진 근본주의자인가? 아니면 인종주의에 저항하는 무슬림 당사자인가? 히잡을 벗기려는 사람은 어느 쪽일까, 여성의 자기결정권을 중시하는 여성주의자인가? 아니면 이슬라모포비아에 찌든 인종주의자인가?

한가지 확실한 점은 여성에게 히잡을 씌우려는 이슬람 근본주의 남성이 득세하는 이유는, 얄궂게도 이슬라모포비아 세력이 무슬림 여성에게서 히잡을 벗기려고 하기 때문이라는 것이다. 이슬라모포비아가 득세할수록 이슬람 근본주의도 득세한다. 이슬라모포비아가 어느 쪽에서든 극단적인 세력의 자양분이라는 말은 이런 뜻이다.

## 14

고령화
사회와
인권의
새 문제

## : 요람에서 무덤까지 담은 그림들

한국사회의 심각한 세대 갈등. 청소년은 청소년대로 억울하다. 나이 어리다고 받는 불이익도 많은데, '중2병'이니 '급식충'이니 혐오표현에도 시달린다. 어르신은 어르신대로 서럽다. 세상 변화를 따라잡지 못한다며 무시당하는데, '늙다리'나 '틀딱충' 같은 끔찍한 욕설까지 듣는다. 그렇다고 중장년층이 살기 좋은 사회인가? 소년층과 노년층 사이에서 양쪽한테 두들겨맞는 신세다. 만인의 만인에 대한 혐오표현이 끊이지 않는 사회다.

다음은 벨라스케스의 작품이다. 세비야의 물장수를 그렸다. 인물의 살결과 옷 주름, 유리잔 따위의 표현이 뛰어나다. 빛과 그림자의 강렬한 대비는 당시 유행하던 바로크미술의 특징이다. 그렇

디에고 벨라스케스, 「세비야의 물장수」,
1617~23년경, 앱슬리 하우스.

다고 벨라스케스가 바로크미술에 딱 들어맞는 작가는 아니다. 자기만의 개성이 뚜렷한 화가였다.

서양미술사에서는 이런 도상을 '인생의 세 단계'라고 부른다. 그림 하나에 노인, 중년, 소년이 등장하기 때문이다. (중년이 어디 있냐고? 그늘진 곳을 잘 보면 보인다. 이 그림이 인기가 있었는지 벨라스케스는 비슷한 작품을 여럿 그렸는데, 어떤 그림에서는 중년이 눈에 더 잘 띄기도 하고, 어떤 그림에서는 중년을 생략하기도 했다. 작가 스스로도 중년의 인물을 어떻게 처리할지 고민이었나보다.) 노인은 동이의 물을 유리잔에 담아 어린이에게 건넨다. 세 사람의 훈훈한 표정을 보면, 물이 아니라 소중한 지혜를 전해주는 장면 같기도 하다.

젊은 세대와 나이 든 세대의 관계가 늘 이와 같다면 좋을 터이다. 그런데 다음에 볼 클림트Gustav Klimt 의 작품은 사뭇 다르다.

전통적 도상에 맞으면서도 여성을 주인공으로 썼다. 세 사람의 관계도 벨라스케스의 작품과는 다르다. 서로서로 외면하고 있기 때문이다. 늙은 여성은 따돌림을 당한 것처럼 보인다. 다른 두 세대가 상대를 해주지 않기 때문이다. 젊은 여성과 어린 여성은 어떤가. 언뜻 보면 화기애애한 것 같다. 그래서 두 사람만 따로 잘라내 만든 아트포스터를 판매하기도 한다. 그런데 내가 보기에는 저 두 사람도 어색하다. 서로 눈을 맞추지 않기 때문이다. 세 사람 모두 외롭다. 화려하지만 쓸쓸한 그림이다.

오늘날 우리 사회 인생의 세 단계를 그리면 어떻게 될까. 친구가 이렇게 농담을 했다. "할아버지는 '태극기집회', 아버지는 '깨

구스타프 클림트, 「여성의 세 시기」, 1905년, 로마 국립현대미술관.

시민', 아들은 '일베'." 섬뜩한 느낌이 들어 나는 웃지 못했다. 정치적 지향이 문제가 아니다. 세대 사이 적대감이 문제다. 아들이 일베를 하고 할아버지가 태극기집회를 나가는 이유는, 어쩌면 아버지가 깨시민이기 때문일지도 모른다. 서로가 너무 싫은 나머지, 서로가 더 싫어할 일만 골라서 하는 모습이 낯설지 않다.

소년, 중년, 노년의 단계를 거치며 우리는 어떤 인권의 문제와 마주칠까. 우리 사회에서 인생의 과정을 살펴보자.


## : '코리안 신드롬'이란?

「아기 X의 탄생」. 2011년 뉴욕에서 열린 행위예술가 마르니 코탁Marni Kotak의 전시회였다. 하이라이트는 아주아주 특별한 이벤트였다. 예술의 역사를 통틀어 전무후무한 공연이었다. 다름 아닌 미술관에서 아이를 출산한 것이다.

어빙 스톤Irving Stone의 전기소설 『빈센트, 빈센트, 빈센트 반 고흐』최승자 옮김, 청미래 2007에는 감동적인 장면이 있다. 동생 테오가 낳은 아이를 보며, 형 빈센트가 마음이 벅차 외친다. "나는 물감으로, 너는 살로 창작을 하는구나." 마르니 코탁은 아이를 낳는 것이 창작이라고 생각했다. 이번 전시로 "인간의 생명이야말로 가장 심오한 예술작품"이라는 사실을 알리고 싶었단다. (아이는 잘 자라고 있다고 한다. 다행이다.)

새 생명의 탄생은 예술의 좋은 주제가 될 수 있다. 갓난아기와

마르니 코탁이
전시회 '아기 X의 탄생'
에서 낳은 아이를
안고 있다.

어머니를 그리고 싶던 화가들은 옛날부터 예수 탄생 장면을 그렸
다. 수많은 크리스마스 그림이 있는데 가장 눈길을 끄는 것은 단
연 운보 김기창의 동양화 작품이다.

　김기창의 연작 「예수의 생애」를 어린 시절에는 그리 좋아하지
않았다. 예수와 제자들을 한국 사람으로 그린 점은 아주 좋았다.
다만 상류층의 차림새로 그렸다는 것이 불만이었다. 양반이 아니
라 상민으로 그려야 하지 않았을까? 예수와 제자들은 당시 사회
에서 상류층이 아니었다. (카라바조가 이런 문제의식으로 예수와 제자
들을 가난한 차림새로 그렸다.) 지금 생각해보면 내가 그때 좀 까칠했
던 것 같다. 지금은 이 그림을 좋아한다.

　제작시기가 인상 깊다. 김기창은 1952년부터 이듬해까지 이 그
림을 그렸다. 한국전쟁 기간이다. 이때 김기창은 미군 초상화를
그리며 생계를 이어갔다. 그러면서도 피난지에서 「예수의 생애」

스물아홉점을 그린다. (훗날 '부활'을 마저 그려 서른점을 채웠다고 한다.) 전쟁 중에도 작품은 탄생한다

그리고 전쟁 중에도 아이는 탄생했다. 그런데 지금은 전쟁도 아닌데 아이를 선뜻 가지기 힘들다. 저출생과 고령화는 맞닿아 있다. 사회를 유지하기 힘들어진다. 한국의 경우는 심각하다. 숫제 사회가 사라질 수 있다는 지적도 나온다. '코리안 신드롬'Korean syndrome 이라는 말이 있다. 영국의 데이비드 콜먼David Coleman 교수가 만든 말인데, 한국이 "(저출생 때문에) 사라지는 첫번째 국가"가 될지도 모른다는 것이다.

왜 아이를 낳지 않는가. 여러가지 문제 때문이다. 그런데 그 대부분은 (의식 개조 같은 방법이 아니라) 복지로 해결할 수 있다. 그런데 한국사회는 자라나는 세대에 더 많은 자원을 들일 준비가 되어 있는가?

이번 장에서 우리는 계속 '돈 문제'와 마주칠 것이다.


## : 사랑하고 싶고 행복하고 싶지만

출산도 양육도 쉽지 않은 한국사회. 아이가 자라도 젊은 시절 행복하기란 쉽지 않다. 꿈도 이루고 사랑도 하고 싶다. 하지만 가로막는 일들이 많다. 사회가 개인의 행복추구를 방해하는 것처럼 말이다.

다음은 카노바Antonio Canova 의 대표작. 프시케와 쿠피도의 상이다.

두 신을 보통 더 어리게 표현하지만 카노바는 청년으로 만들었다. 정면이 없는 조각이다. 어느 각도에서 보아도 아름답게 만드는 것이 카노바의 야심이었기 때문이다. 성공한 것 같다. 대부분의 조각작품은 앞뒤가 있어서 관객이 앞에 모이게 마련인데, 루브르 박물관에서 이 작품은 관객들이 360도 둘러서서 감상하고 있더라.

어떤 내용인가. 쿠피도의 어머니(프시케의 시어머니) 베누스가 둘의 사랑을 방해했다. 프시케가 목숨을 잃기까지 한다. 쿠피도의 입맞춤으로 되살아나는 장면이다. 결국은 해피엔딩.

그런데 우리 주변을 보면 젊은 시절의 사랑 대부분은 해피엔딩이 아니다. 젊은 사랑이 맺어지지 못하는 데에는 많고 많은 이유가 있다. 누가 방해하는 경우도 있고 미숙해서 그러기도 한다. 하지만 적어도 돈 문제만큼은 그 이유에서 빠지면 좋겠다.

돈과 관련한 카노바의 어린 시절 일화가 유명하다. 가난 때문에 꿈을 이루지 못할 상황이었다. 먹고살기 위해 부잣집에 허드렛일을 하러 들어갔다. 어느날 카노바는 커다란 버터 덩어리를 깎아 근사한 사자 조각을 만들어 잔칫상에 올려놓았고, 그 덕에 후원자를 얻게 되었다. 공부를 하여 시대를 대표하는 조각가가 되었다.

미담이라면 미담이다. 어떤 사람은 이 이야기에서 힘을 얻기도 할 것이다. 문제는 젊은이가 힘들다고 하면 이런 미담만 들려주는 현실이다. 미담과 관심만으로는 부족하다. 물질적으로 도움을 줘야 한다. 젊은 사람의 의식을 뜯어고치는 일에 자원을 쓰지 말고 차라리 그 자원을 손에 쥐여주면 어떨까.

안토니오 카노바,
「쿠피도의 입맞춤으로 되살아나는 프시케」,
1777년경. 루브르 박물관.

## : 어떻게 죽을 것인가

햇볕이 따사로운 어느 날 나는 대학로를 걸었다. 발길이 대학병원에 닿았다. 병동 앞 벤치에 앉아 이런저런 생각을 했다. 늙고 지쳐 여기저기 몸이 안 좋아 병원에 다닌다. 그러다가 어디 한군데가 크게 망가지면 대학병원에 간다. 중환자실에 장기입원해 이런저런 치료를 받는다. 나중에는 의식이 없는 상태로 한동안 누워 지낸다. 가족도 지인도 모두 지칠 때쯤 호흡기를 떼고 숨을 거둔다.

무척 힘든 과정 같다. 하지만 잘 생각해보면 이거야말로 몇천년 만에 인간이 도달한 가장 좋은 죽음이다. 이른바 천수를 누린다는 것이다. 젊어서 죽는 것보다는 억울하지 않다. 급한 병이나 사고로 죽는 것보다도 낫다. 주위를 정리할 시간이 있으니 말이다. 그렇다고 그렇게 연명치료를 하다 죽는 일이 행복할까? 그래 보이지도 않으니 문제다.

「산역꾼의 죽음」은 죽음을 매력적으로 그린 작품 중에서도 눈에 띈다. 상징주의 미술에는 이런 야릇한 느낌이 드는 작품이 많다. 스위스에서 활동한 화가 카를로스 슈바베Carlos Schwabe의 회화다. "남의 무덤을 파며 살아가던 늙은 산역꾼에게도 드디어 죽음이 찾아왔다. 노인은 자기가 파는 저 무덤이 결국 제 무덤이 되리라 생각하진 못했으리라. 저 검푸른 색깔의 죽음의 여인. 저렇게 아름다운 여인이 소리 없이 방으로 들어와 머리에 쓴 푸른색 베일을 내 머리 위에 드리우며 부드럽게 키스를 한다면, 만약 그런

카를로스 슈바베, 「산역꾼의 죽음」,
1900년경, 루브르 박물관.

게 죽음이라면, 당장이라도 그녀의 뒤를 따라나설 수 있을 것 같다." 이 작품에 대한 진중권 선생의 글이다. (굳이 다른 사람의 말을 인용한 이유는, 죽음이 아무리 매력적으로 보여도 나는 겁이 많아 선뜻 죽을 생각이 없기 때문이다.)

현대의학 덕분에 수명이 늘어났지만, 그 바람에 노년이 너무 길고 힘들다. 그렇다보니 전보다 죽음을 매력적인 선택으로 받아들이는 사람이 늘어나는 것 같다. 어떤 사람은 이 과정을 단축시키고 싶어한다. 이른바 '안락사'를 선택하게 해달라는 것이다.

안락사를 지지하는 쪽도 일리는 있다. 인권의 기본이 자기결정권이니, 죽음도 각자의 결정에 맡기자는 주장이다. 반면 반대하는 쪽은 생명권을 존중해야 한다고 주장한다. (나치 시절 안락사가 어떻게 악용되었는가 지적하기도 한다.) 이 문제에 대해서도 사람마다 생각이 다를 것이다. 정답을 나는 모르겠다.


## : 따뜻한 말보다 더 필요한 것

스위스의 상징주의 화가 페르디낭 호들러Ferdinand Hodler. 내가 제일 좋아하는 화가 가운데 하나다. 이 사람이 그린 「레벤스뮈덴」이라는 작품이 있다.

독일어의 '레벤스뮈데'lebensmüde 라는 단어는, 다른 나라 말에 적당한 번역어가 없다. 굳이 옮기자면 '사는 일에 지쳤다'는 느낌. 작품 제목 '레벤스뮈덴'Die Lebensmüden 은 우리말로 '살다 지친 사

페르디낭 호들러,
「레벤스뮈덴」,
1892년,
노이에 피나코테크.

오귀스트 로댕.
「아름다웠던 올미에르」,
1885년경 제작, 1910년 주조,
메트로폴리탄 미술관.

람들'이라는 뜻이 되리라.

그림에 등장하는 '지친 사람'은 노인의 모습이다. 살 만큼 살아 우울함만 남은 노인처럼 삶에 지친 사람이 또 있을까.

로댕Auguste Rodin의 조각 「아름다웠던 올미에르」도 비슷한 느낌이다. 올미에르Heaulmière는 현대 프랑스어로 오미에르heaumière, '투구 만드는 사람의 아내'라는 뜻이다. 중세 시인 프랑수아 비용François Villon은 「한때 아름다웠던 올미에르의 탄식」이라는 시를 썼다. 어릴 때 이 작품을 찍은 사진을 보고 슬펐다. 나도 나이 들면 이런 일을 겪겠구나 싶었다. 늙은 몸이 곱지 않아 보여 그랬던 것은 아니다. (로댕은 젊은 사람을 만들어도 대체로 곱게 만들지는 않는다.) 내가 슬펐던 이유는 올미에르가 너무나 외로워 보였기 때문이다. 로댕의 잔인한 솜씨를 통해 노년의 외로움과 절망을 엿보았다. 하지만 굳이 그럴 필요가 있었을까. 어차피 시간이 지나면 겪게 될 일인데.

고령화 사회가 되면 여러 문제가 생긴다. 이러한 사회 문제에 대해 각 세대가 서로를 원인으로 지목하고 미워하는 것, 이것이 내가 보기에 제일 심각한 문제 같다. 노령화 문제는 노인 한 사람 한 사람 때문에 생기는 것이 아니다. 그런데도 사람들은 노인을 탓하고 노인을 미워한다. 저출생 문제 역시 젊은이 한 사람 한 사람 때문에 일어나지 않는다. 특히 여성 개개인을 탓할 수 없다. 그런데도 어떤 남성들은 저출생 문제를 여성혐오의 빌미로 삼는다.

고령화 사회는 인종주의에도 취약하다. 노인이 늘어나면 이들을 먹여 살리고 돌볼 일손이 더 필요하다. 그런데 젊은이가 줄어들기 때문에 일손은 더 부족하다. 그래서 외국에서 젊은 사람들이 일하러 들어온다. 그런데 이번에는 이렇게 들어온 사람을 잠재적 범죄자 취급하고 차별한다. 이민자는 이민자대로 서러움과 분노를 대물림할 것이다. 이대로라면 사회는 더욱 각박해질 뿐이다.

이럴 때일수록 따뜻한 말 한마디가 중요하다고 한다. 틀린 말은 아니다. 그런데 따뜻한 말로 기분이 좋아질 수는 있어도 문제가 풀리지는 않는다. 대부분의 문제는 복지로 해결할 수 있다. 그럼 그 재원을 어디서 마련하나? 재원이 마련되더라도 어디부터 자원을 투입할 것인가? 노인을 위해 먼저 써야 하나, 아이가 먼저인가? 젊은이의 행복추구가 우선인가? 하나같이 급한 문제들이다. 함께 해결할 수 있는 절실한 지혜가 필요한 시점이다.

## 15

# 새로운 시대의 새로운 불편

## : 개인정보를 둘러싼 고민들

미래 사회는 어떨까. 복잡해질 것이라는 예측이 많다. '정답이 없는 문제'도 늘어날 것이다.

개인정보에 얽힌 문제도 더 심각해질 것이다. 개인정보를 앞으로 어떻게 보호해야 하나. '개인정보자기결정권'이라는 개념이 있다. 인권의 핵심은 자기결정권, 내 개인정보를 내 동의 없이는 가져다 쓸 수 없다는 것이다. 다른 한편 '개인정보보호권'이라는 개념도 있어서, 이 문제에 정부가 적극 개입할 근거로 삼을 수도 있다는데, 어쨌거나 개인정보자기결정권과 개인정보보호권이 서로 충돌하는 개념은 아니라는 지적도 있다. 아휴, 어렵다. 이번 장에는 생소한 개념이 많이 나온다. 미래에 우리가 생소한 문제들과 마주칠 터이니 어쩔 수 없는 노릇일까.

레오나르도 다빈치의 개인정보 이야기로 시작해보자.

다빈치는 대단한 화가였다. 인물도 잘 그리고 배경도 잘 그렸다. 제때 마감하는 것 빼고는 다 잘했다. 작업 중간에도 새로운 기법을 연구하고 실험하느라 늘 작업이 더뎠다. 다빈치가 개발한 가장 기막힌 기법은 그림자에서 밝은 곳으로 넘어오는 부분을 그리는 방법이다. 바림 gradation 의 은근한 처리가 일품이다. 비결이 있다. 그림을 뜯어 보면 보인다. 손가락 자국이 남아 있다. 물감을 손가락으로 톡톡 두드려 바림 효과를 낸 것이다.

그림을 뜯어 보다 나중 사람들이 알게 된 것이 하나 더 있다. 바로 레오나르도 다빈치의 '지문'이다. 어쩐지 위대한 화가 다빈치와 한결 가까워진 기분이 들지 않는가? 지문이라는 것이 개인정보 중의 개인정보라서 그럴 것 같다. 이탈리아에서는 이 그림 저 그림에 흩어진 지문 조각을 모아 다빈치의 전체 지문을 구성하는 일도 성공했다고 한다.

미술의 역사에서 진품 감정은 오랜 과제였다. 이 그림이 이 화가의 작품인지 아닌지 어떻게 확인할 것인가. 요즘 새롭게 주목받는 방법이 지문감식이다. 화가의 지문을 복원하고, 문제가 되는 그림에 그 지문이 있는지 확인하는 것이다. 그림만이 아니라 테라코타나 밀랍조각 등 조소 작업에서도 지문을 찾을 수 있다. 또다른 위대한 미술가 미켈란젤로의 지문도 이렇게 확인되었다고 한다.

지문은 예술가가 아니라 범죄자를 찾는 수단으로도 쓰인다. (사실 이쪽이 일반적이다.) 그래서 일본에 들어갈 때 지문을 찍게 하는 일에 우리는 "잠재적 테러리스트로 취급하냐"며 고까워했다. 정작 한국에서는 지문을 모두 국가에 등록하면서 말이다. 버르집자면 이 일도 역시 북한에서 내려온 테러리스트를 골라낸다는 구실로 시작되었다. 그래도 우리 사회에서 큰 불만을 터뜨리는 사람은 찾기 힘들다. 한때 전자주민증 지문날인 반대 운동도 있었는데, 큰 호응을 얻지는 못했다.

지문을 찍는 일에 일장일단이 있어서 그렇다. 지문 같은 개인정보를 국가가 관리한다고? 감시사회라는 의미다. 프라이버시권은 침해받는다. 반면 모든 사람이 감시를 당한다면? 내가 나쁜 일을 당할 가능성이 줄어들 수도 있다. CCTV와 마찬가지다. 사소한 일까지 감시당하는 것이 꺼림칙하면서도, 인적 드문 골목길에서 CCTV를 마주치면 안심이 되기도 한다.

저널리스트 피터 마스가 "거리를 두고 보면 벽에 드리운 아름답고 거대한 태피스트리" 같다고 한 작품이 있다. 하산 엘라히 Hasan Elahi 의 「1,000명의 작은 형제들」이다. 작가의 일상을 찍은 3만 2,000장의 사진들을 모아놓았다. (http://elahi.umd.edu에서 볼 수 있다.) 작가는 방글라데시에서 태어나 미국에서 자랐다. 메릴랜드 대학의 미술 교수다. 2002년 그는 디트로이트 공항에서 기분 나쁜 일을 당했다. 그의 이름이 테러리스트 명단에 있다며 붙잡혀서 FBI 요원의 심문을 받은 것이다. 방글라데시 이름을 가졌다는 이유로 불이익을 당했으니 인종주의 탓에 피해를 입은 셈이다. 엘라히는 인격권을 침해당했다는 점에 분개했다. 엘라히의 개인정보 하나하나를 국가가 감시하고 있다는 것이다.

'그래, 내 개인정보가 그렇게 알고 싶단 말이지?' 엘라히는 예술가다운 기발한 복수를 한다. 어느 빌딩에 갔는지, 어떤 침대에서 잤는지, 무엇을 먹었는지, 어느 화장실에 갔는지 시시콜콜한 정보를 7만장의 사진으로 찍어 FBI에 보냈다. 이 행위가 그 자체로 예술작품이다. 전시를 위해 수만장의 사진을 추려 거대한 '태피스트리'를 만들었다.

국가가 훔쳐보건 개인이 훔쳐보건 당하는 쪽에서 기분 나쁘기는 매한가지다. 한편으로 개인정보를 국가에 넘기고서라도 안전하고 싶은 마음은 당연하다. 그렇다고 개인정보를 그렇게 쉽게 국가에 넘기는 것이 바람직할까? 프라이버시권을 지켜내기 위해 싸운 역사는 오래되었다. 그런데 오늘날 우리는 프라이버시권을 너무 쉽게 포기하는 것 같다.

그렇다면 개인정보를 국가에 넘겨야 하나, 말아야 하나? 쉽게 답이 나올 문제가 아니다. 그래서 더 이야기해보자는 것이다. 프라이버시권을 지키기 위해 오랫동안 투쟁해온 한 인권운동가가 대담에서 말했다. "인권운동을 하는 나도 CCTV가 없는 길에 들어서면 두려울 때가 있다." 그리고 이렇게 덧붙였다. "그 두려움에 대해서도 이야기를 나눠보고 싶다."

2017년 8월 로스앤젤레스에서 열린 'O. J. 심슨 팝업 미술관'에 전시된 티셔츠들.

## : 개인이 감당하기 어려운 요지경

2017년 8월, 미국 로스앤젤레스에 'O. J. 심슨 팝업 미술관'이 열린다는 기사를 읽었다. 이름은 팝업 미술관, 실제로는 전시회. O. J. 심슨이라니! 나는 기억을 더듬었다. 1995년의 심슨 재판으로 세상이 참 떠들썩했다. 이때 수집해둔 재판 관련 '굿즈'를 이번에 전시한다는 것이다.

현대미술은 경계가 모호하다. 수집품을 미술관에 전시하면 미술일까, 수집품일까? 흥미로운 질문이다. 이런 질문을 던진다는 점에서 전시 자체를 예술행위로 볼 수도 있다. (큐레이터와 수집자와 창작자 사이의 관계도 갈수록 모호해진다. 흥미로운 시대다.)

스포츠스타 심슨은 아내를 죽인 살인범일까, 아닐까? 유죄라는 사람과 무죄라는 사람이 갈렸다. 흑인이 백인을 죽인 사건인데 백인 경찰이 선입견을 가지고 수사했다는 말도 나왔다. 인종주의 문제와 결합하며 세간의 관심이 더 뜨거웠다.

결론은 엉망진창이었다. 유죄인지 무죄인지 끝내 모호했다. 형사재판은 심슨이 살인자라는 증거가 없다고 했다. 그렇다면 살인자가 아닌가? 민사재판은 심슨에게 아내의 유족에게 돈을 물어주라고 했다. 그렇다면 살인자인가? 결국 다른 범죄로 감옥에서 여생을 보내는 심슨. 이제 와서는 상관없는 이야기가 됐다. 미국의 대중은 그저 한편의 TV쇼, 반전드라마를 본 셈이다. 심슨이 경찰차에 쫓기던 장면을 팝업북으로 만든 것까지 등장했다.

바다 건너에서 재판 경과를 지켜보며, 당시 나는 미국 사람들이 이상하다고 생각했다. 결론도 나지 않을 유명인사의 일에 왜 이렇게 관심이 많은 것일까? 그런데 지금 보면 우리 사회도 만만치 않은 것 같다.

앤디 워홀Andy Warhol은 1963년에 특별한 작업을 했다. 신문에 실린 사건사고 사진을 복제해 판화를 찍었다. 「열네번의 오렌지색 차 사고」라는 작품에서는 자동차 사고 사진을 열네번 반복한다.

그러니까 상황은 이렇다. 실제 사고가 있었다. 그 사고를 기자가 사진에 담았다. 그 사진을 신문에 복제한다. 그 복제를 워홀이

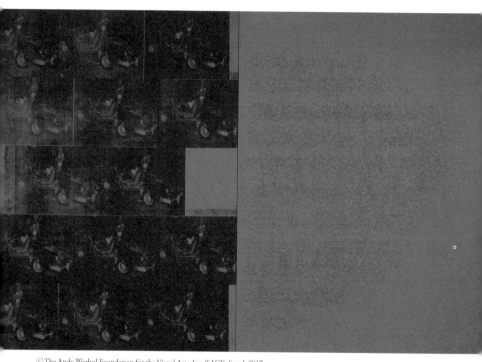

앤디 워홀,
「열네번의 오렌지색 차 사고」,
1963년,
뉴욕 현대미술관.

다시 가져다 복제하여 미술관 벽에 건다. (그리고 값을 비싸게 매긴다.) 사람이 죽고 다친 마음 아픈 사연이 한때의 가십거리가 되고 그다음에는 예술작품이 된다. (값은 계속 올라간다.)

20세기는 요지경 세상이었다. 21세기부터 세상은 더욱 요지경이 될 것이다. "미래에는 누구나 15분 동안 전세계적인 스타가 되리라." 앤디 워홀의 유명한 말이다. SNS 세상이 되며 자주 인용된다. 워홀은 놀라운 선견지명을 가졌던 걸까. (아니면 워홀이 아무 말이나 던진 것일 수도 있다. 이쪽도 워홀답다.) 개인이 어느 날 갑자기 세계적으로 유명해지고, 전세계의 가십거리가 되고 전세계에서 조리돌림을 당하고 전세계에서 격한 논쟁을 불러일으킨다. 그러나 개인이 감당하기에는 가혹한 일이다.


## : 인격에 대한 권리, 재산에 대한 권리

'인격권'이라는 개념이 있다. 명예를 훼손당하지 않을 권리, 모욕을 당하지 않을 권리 등과 관련 있다. '사자死者의 인격권'도 최근 주목받고 있다. 희생자를 애도하는 사람들에게 상처 주기 위해 이른바 '고인드립'을 하는 고약한 양반들이 있는데, 그런 짓을 못하게 할 근거가 된다.

공인의 경우 프라이버시보다 일반인의 알 권리가 우선이라는 말을 많이 한다. 공인에 대해 이야기하는 것은 표현의 자유다. 그런데 당연한 이야기겠지만 공인에게도 인격권이 있다. 대중의 알 권리 대 공인의 인격권, 또다른 정답 없는 문제다.

앨리슨 잭슨Allison Jackson의 '사진 작품' 중 영국의 윌리엄 왕자가 등장하는 것이 있다. 그 작품에서 윌리엄 왕자는 벌거벗은 채 거울을 보며 왕관을 쓰려 한다. 윌리엄 왕자는 여왕인 엘리자베스 2세의 손자이며 찰스 왕세자의 아들이다. 여왕이 건강한 데다 찰스도 기다리고 있기 때문에 윌리엄이 왕위를 물려받으려면 한참이나 기다려야 할 터. 왕관에 호기심을 느껴봄 직하다.

하지만 이 사진은 '가짜'다. 앨리슨 잭슨은 유명인사들의 '가짜' 이미지를 만드는 작업을 한다. 엘리자베스 2세가 화장실에 앉아 용변을 보거나, 조지 부시와 토니 블레어가 사우나에 함께 들어가 노닥거리는 사진을 '만든다'.

내가 가장 재미있어하는 사진은 부시가 심각한 표정으로 루빅큐브를 만지작거리는 장면이다. 부시의 평소 이미지와 겹쳐 웃음

앨리슨 잭슨,
「조지 부시와
루빅큐브」,
2010년.

이 터진다. 진짜로 문 너머에 숨어서 찍은 것 같다. 물론 가짜 사진이다.

이 '사진'이 설득력 있는 이미지가 된 비결은 무얼까. 얄궂게도 뿌옇게 처리된 문살 때문이다. 몰래 훔쳐보는 느낌이 들어서다. 공인의 사생활에 대한 대중의 관심을 관음증으로 설명하기도 한다. 관음증의 대상이 되는 일은 즐겁지 않다. 아무리 유명인사라도 사람들의 지나친 관심은 견디기 버겁다.

가짜뉴스의 문제도 있다. 앨리슨 잭슨의 '사진'은 실제가 아니라 예술작품으로 되어 있다. 세상 물색을 아는 사람이라면 정말로 윌리엄이 벌거벗고 왕관을 쓰거나 부시가 집무실에서 퍼즐을 붙잡고 쩔쩔매리라고 생각하진 않는다. 적어도 그런 사진이 찍히리라고 생각하지는 않는다. 그렇지만 모두가 물색을 아는 것은 아니다. 도널드 트럼프도 대통령으로 당선되는 세상 아닌가. 누가 저런 사진을 예술이 아니라 보도사진으로 오해하면 어쩌나? 그렇게 되면 예술품이 가짜뉴스가 되는 것 아닌가? 앨리슨 잭슨의 최근 작업은 아슬아슬하다. 트럼프가 백악관 집무실에서 노출이 심한 여성들을 끌어안고 있는 '사진' 등을 공개한 것이다. 트럼프에게 명예훼손으로 고소당하면 어떻게 할 거냐는 질문에, 작가는 "작업을 할 때 자기검열을 안 하려고 애쓴다"고 대답한다. 그러고 보니 그의 작업에는 표현의 자유 문제도 걸려 있다.

한편 공인의 범위가 어디까지냐도 문제다. 정치인이나 고위 공직자는 공인이라고 해도 무방하리라. 그런데 일선 공무원이나 지

블라디미르 두보사르스키·알렉산드르 비노그라도프,
「무제(아놀드 슈워제네거)」,
1998년.
갤러리 크린징어.

역의원은 어떤가? 연예인은 어느 정도로 공인인가? 이 사람들의 사생활은 어느 선까지 보호받는 게 맞을까?

앞선 작품은 눈길을 사로잡는다. 배경은 화창한 날씨의 아름다운 꽃밭. 지상낙원 같다. 구성은 벨라스케스의 「라스 메니나스」를 닮았다. 화판 너머에서 이쪽을 쳐다보는 화가(?)를 보니 그렇다. 아이들과 앉은 사람은 얼굴이 눈에 익다. 스타 중의 스타 아놀드 슈워제네거 Arnold Schwarzenegger 아닌가. 기이한 그림이다. 대체 무슨 의미일까.

이 작품을 함께 그린 두보사르스키 Vladimir Dubosarsky 와 비노그라도프 Alexander Vinogradov 가 옛 소련에서 나고 자란 작가라는 점이 힌트다. 옛날 소련의 체제선전 미술이 이런 식이었다. 배경은 지상낙원, 해맑게 웃는 아이들이 인자한 표정의 '지도자' 주위를 에워싼, 그런 피곤한 그림이었다. (북한 그림과 닮았다고? 물론이다. 북한이 어디를 보고 배웠겠는가.) 짓궂게도 두 작가는 지도자를 지우고 그 자리에 알록달록 팬티 바람의 슈워제네거를 그려넣었다. 소련이 망한 직후에 그린 작품이다. 옛 소련 체제에 대한 비판적 회고로도, 미국을 닮은 새로운 체제에 대한 비판으로도 읽을 수 있겠다.

현대의 스타는 옛날 지도자의 자리를 차지했다. 어쩌면 오늘날의 신으로 숭배되고 있을지도 모른다. 앤디 워홀의 유명한 연작 중 1967년에 마릴린 먼로 Marilyn Monroe 를 판화로 찍은 것이 있다. 마릴린 먼로를 마치 신처럼 표현했다. 앤디 워홀의 판화는 책에 실린 도판을 보면 작은 것 같지만 전혀 그렇지 않다. 마릴린 먼로의 연작 판화도 하나하나가 가로세로 각각 90센티미터가 넘는 대작이다. 실제로 벽에 걸린 작품을 보면 느낌이 다르다. 선명한 색채, 명쾌한 디자인, 커다란 얼굴. 당당함이 인간의 수준을 뛰어넘는다. 그런데 신이 된다는 것은 좋은 일만은 아니다. 신이 된 마릴린은 추앙받는 것 같지만 동시에 사사로운 인간의 삶을 희생해야했다. 워홀이 이 작업을 한 것이 먼로가 세상을 떠나고 얼마 뒤부터였다는 점도 의미심장하다.

퍼블리시티권이라는 개념도 최근 눈길을 끈다. 예컨대 유명인사의 사진을 허락 없이 가져다 자기 인쇄물에 넣는다면? 사진의 주인공은 모욕감을 느낄 수도 있다. 이 경우는 인격권을 침해하는 것이다. 그런데 다른 한편으로는 그 사람이 자기 사진을 팔아 돈을 벌 기회를 빼앗는 것일 수도 있다. 이 경우는 퍼블리시티권을 침해했다고 말한다. 인격권과 비슷하면서도 묘하게 결이 다르다. 재산권으로 생각해야 한다는 견해도 있다.


## : 지적재산권을 둘러싼 상반된 입장

스티브 워즈니악 Steve Wozniak 이 설계한 개인용 컴퓨터를 보고 스티브 잡스 Steve Jobs 는 나중에 큰 사업이 되리라고 직감했다. 개인용 컴퓨터를 파는 회사의 창업을 준비하던 잡스. 나중에 애플이라 불릴 회사였다. 그런데 엔지니어들이 모이는 박람회에서 워즈니악이 하던 일을 보고 잡스는 기겁한다. 힘들여 설계한 컴퓨터 회로도를 복사하여 사람들에게 그냥 나눠주고 있었던 것. 워즈니악은 기술과 정보를 사회 공공재로 생각했던 것 같다.

그 무렵 빌 게이츠Bill Gates는 개인용 컴퓨터 알테어Altair에 탑재할 베이식 프로그램을 짜서 판매했다. 훗날 마이크로소프트가 되는 소프트웨어 회사를 차릴 참이었다. 빌 게이츠 역시 박람회에서 엔지니어들에게 복사한 유인물을 나눠주고 있었다. 내용은 정반대였다. 컴퓨터의 등장으로 프로그램 복제가 간편해졌지만 프로그램은 돈을 받고 파는 상품이니 프로그램을 복사해서 나눠 가지지 말라는 내용을 굳이 종이에 찍어 뿌려댔다.

스티브 워즈니악과 스티브 잡스와 빌 게이츠. 지금의 IT 세상을 이끈 장본인들이다. 이들 사이에도 합의된 의견이 없다. 정보와 기술은 공공재인가? 아니면 재산권의 대상인가?

아놀드 슈워제네거를 그렸던 두보사르스키와 비노그라도프는 2014년에 빌 게이츠도 그렸다. 옛 소련의 노동영웅을 그린 초상화처럼 보이는데 얼굴만 빌 게이츠다. 빌 게이츠는 자본주의의 화신 같은 인물. 지적재산권 문제를 대하는 태도에서 잘 드러난다. 빌 게이츠가 세계 최고의 자선가인 것은 맞다. 하지만 그가 물건 값을 내리거나 상품을 공짜로 뿌릴 사람은 아니다.

어떤 사람은 빌 게이츠가 맞다고 생각할 것이고 어떤 사람은 워즈니악이 훌륭하고 빌 게이츠는 그르다고 할 것이다. 그런데 아무리 워즈니악 편을 드는 해커라도, 다음 이야기를 보면 빌 게이츠를 동정하지 않을까.

몇해 전 마이크로소프트가 해적판을 단속할 테니 정품을 쓰라고 발표하자, 방귀 뀐 쪽이 성낸다고 해적판을 쓰던 사용자들이 도리어 분노에 찬 '악플'을 단 일이 있다. 내 기억에 남은 댓글은 이거다. "그렇게 정품을 쓰게 하고 싶다면 정품을 해적판 값에 제공하면 될 것 아닌가!"

지적재산권을 둘러싼 수많은 쟁점을 여기서 반복할 생각은 없다. 다만 이 책을 마치기 전에 재산권에 대해서도 한번 다루고 싶었다. 재산권은 중요한 권리다. 오래전 재산권과 인신의 권리를 둘러싼 논쟁이 오늘날 우리 권리 전반에 대한 논의로 발전한 것이다.

재산권을 무시할 수는 없다. 마음 같아서는 사회권이 중요하고 재산권은 그다음이라고 말하고 싶은 경우가 많다. 예를 들어 복지에 들어갈 돈은 부자들한테서 거두면 된다고 자신 있게 잘라 말하면 편하지 않을까? 하지만 이 역시 쉬운 이야기가 아니다.

## : 우리 시대의 인권, 그 너머

인권이란 인간을 전제로 한 것이다. 그런데 미래에는 인간의 개념부터 흔들릴지도 모른다. 그때 인권의 문제는 어떻게 될 것인가.

우선 인간과 기계 사이의 경계는 과연 허물어질 것인가. 앞으로의 컴퓨터와 로봇은 지금까지와 비교할 수 없을 터이다. 우리는 튜링테스트Turing test라는 말을 앞으로 더 자주 보게 될 것이다.

1950년에 앨런 튜링 Alan Turing 이 제안한 테스트다. 거칠게 말해 인간과 인간이 대화하는 것과 인간과 컴퓨터가 대화하는 것에 차이가 없다면 그 컴퓨터는 인간 못지않은 지능을 가졌다고 봐야 한다는 주장이다. 기계를 생각하는 존재로 인정한다면, 기계의 권리에 대한 논의가 등장할 수도 있다. 과학소설에서 하던 고민이 현실이 될 터이다. 물론 아직은 머나먼 이야기.

또다른 논점은 동물권의 문제다. 이쪽은 현재형이다. 동물은 생명이 있다. 또 감정도 있다. 말만 못할 뿐, 동물의 감정이 인간과 큰 차이가 없다는 연구가 많다. 그렇다면 동물과 인간 사이의 경계는 어떻게 되는가? 어떤 동물은 먹어도 되고 어떤 동물은 안 되는가? 기준이 무엇일까? 육식 자체를 하지 않는 것이 좋을까?

논쟁이 많은 주제다. 정답이라고 할 만한, 모두가 동의할 결론은 아직 없다. 동물은 언어가 통하지 않으니, 인권처럼 당사자 의견을 물을 상황도 아니다. 그래서 동물권에 대해 자기가 다 안다는 듯 이야기하는 사람을 봐도, 나는 믿음이 안 간다. 일단 정답이 없는 문제로 열어두자.

다만 현대사회가 동물을 대하는 방식이 옳은가, 이 점은 두고두고 생각할 필요가 있다. 몇년에 한번꼴로 공장식 축산에 시달리던 가축이 돌림병에 걸린다. 그 대책은 대개 '살처분'이다. 이 문제를 그린 그림책이 있다. 유리가 그린 『돼지 이야기』이야기꽃 2013. 돼지가 어떻게 갇혀 사는지, 어떻게 살처분되는지, 흑백의 사실적인 그림으로 그렸다. 이 책의 그림 가운데 특히 눈길을 끄는 장면이

유리의 『돼지 이야기』 중에서.

있다. 돼지의 시점으로 그린 장면이다. 검은 하늘. 눈이 쏟아진다. 멀리 포클레인의 삽이 보인다. 이제 곧 돼지들 머리 위로 흙을 퍼부을 것이다. 2010년 겨울, 구제역이 돌 때 300만마리 이상의 돼지가 이렇게 생매장당했다. 인간은 얼마나 죄 많은 동물인가.

　동물도 인간과 다름없는 권리를 가지고 있을까? 동의할 사람이 많지는 않을 것이다. 지금 육식을 끊어야 한다고 말할 생각 역시 없다. 나도 못 끊는다. 공장식 축산을 당장 그만둬야 한다는 말도 현실적이지는 않다. 비용이 치솟으면 가난한 사람의 식비가 오를 것이고 육식은 부자의 상징처럼 될 것이다.

다만 이렇게 물을 수는 있겠다. 지금처럼 공장식 축산을 하고 육식을 하고 동물의 권리를 무시하는 일이, 켕기지 않는가? 나는 불편하다. 여러분도 불편하지 않은가 묻고 싶다. 아마 불편해하는 분이 많을 것이다.

그리고 언제나 작은 불편함이 큰 변화의 시작이었다.

## 불편한 미술관
### 그림 속에 숨은 인권 이야기

초판 1쇄 발행 / 2017년 12월 20일
초판 11쇄 발행 / 2022년 9월 19일

지은이 / 김태권
기획 / 국가인권위원회
펴낸이 / 강일우
책임편집 / 김효근 김정희
조판 / 박지현
펴낸곳 / (주)창비
등록 / 1986년 8월 5일 제85호
주소 / 10881 경기도 파주시 회동길 184
전화 / 031-955-3333
팩시밀리 / 영업 031-955-3399 편집 031-955-3400
홈페이지 / www.changbi.com
전자우편 / nonfic@changbi.com

ⓒ 김태권 2017
ISBN 978-89-364-8622-8 03300